a política como ela é

a política como ela é

**DIÁLOGOS ENTRE
ALBERTO CARLOS ALMEIDA
E RENATO JANINE RIBEIRO**

1ª edição

Rio de Janeiro | 2024

CIP-BRASIL. CATALOGAÇÃO NA PUBLICAÇÃO
SINDICATO NACIONAL DOS EDITORES DE LIVROS, RJ

A444p

Almeida, Alberto Carlos
 A política como ela é : diálogos entre Alberto Carlos Almeida e Renato Janine Ribeiro / Alberto Carlos Almeida, Renato Janine Ribeiro. - 1. ed. - Rio de Janeiro : Difel, 2024.

ISBN 978-85-7432-160-8

1. Ciência política. 2. Filosofia política. 3. Brasil - Política e governo. I. Ribeiro, Renato Janine. II. Título.

23-87519

CDD: 320.1
CDU: 321.01

Gabriela Faray Ferreira Lopes - Bibliotecária - CRB-7/6643

Copyright © Alberto Carlos Almeida e Renato Janine Ribeiro

Todos os direitos reservados. Proibida a reprodução, armazenamento ou transmissão de partes deste livro, através de quaisquer meios, sem prévia autorização por escrito.

Texto revisado segundo o Acordo Ortográfico da Língua Portuguesa de 1990.

Direitos exclusivos desta edição adquiridos pela Difel,
um selo da Editora Bertrand Brasil Ltda.
Rua Argentina, 171 - Rio de Janeiro, RJ - 20921-380 - Tel.: (21) 2585-2000.

Impresso no Brasil

ISBN 978-85-7432-160-8

Seja um leitor preferencial Record.
Cadastre-se no site www.record.com.br
e receba informações sobre nossos
lançamentos e nossas promoções.

EDITORA AFILIADA

Atendimento e venda direta ao leitor:
sac@record.com.br

SUMÁRIO

Apresentação: Por que "A política como ela é"?   7

1. Presidencialismo   11
2. Parlamentarismo   23
3. Depoimento de um ex-ministro: o governo visto por dentro   31
4. Sistema eleitoral proporcional e sistema eleitoral distrital   47
5. Voto facultativo e voto obrigatório   55
6. Esquerda e direita   61
7. Partidos políticos   67
8. Social-democracia   75
9. Comunismo   83
10. Fascismo   91
11. Revoluções   99
12. Capitalismo e democracia   105
13. Desigualdade e democracia   113
14. Democracia direta e democracia representativa   119
15. *Fake news* na política   127
16. República   133
17. Mídia e política   139
18. As instituições estão funcionando?   147
19. Conservadorismo   155
20. Liberalismo e neoliberalismo   161

21. Orçamento público e democracia — 167
22. A expansão do voto — 173
23. Participação política e movimentos sociais — 179
24. Religião e política — 185
25. Militares e política — 193
26. Opinião pública — 199
27. Financiamento de campanha eleitoral — 205
28. A Justiça como ela é – conversas com Bárbara Lupetti — 211
29. Quatro mitos sobre a política — 217

Bibliografia seleta — 229
Notas — 233

APRESENTAÇÃO
Por que "A política como ela é"?

Este livro pretende atender a uma demanda e uma necessidade: de que especialistas na política falem sobre ela, sem disfarces ou complicações, o mais perto possível de sua realidade. Uma coisa que perturba muito nosso avanço democrático é que a maior parte dos cidadãos sabe pouco sobre a política. Uns dizem que é apenas assunto de corruptos – e por conta disso desistem de atuar, o quanto podem, para melhorá-la. Outros esperam que a política resolva tudo – até unha encravada, como diz a piada, ou que traga seu amor de volta em cinco dias. Claro que isso não é possível.

Temos formação e atuação diferentes. Eu, Renato Janine Ribeiro, sou filósofo. Sempre gostei de política e de história. Na filosofia, trabalho com a filosofia política, que trata sobretudo dos grandes, enormes temas – como democracia, representação, soberania. Mas, justamente por gostar de política, me interesso em saber como tudo isso funciona, para além da teoria. Na verdade, o papel da teoria não é mandar no mundo real, é entender o que ele é, em que consiste a prática da política. E, por gostar de história, gosto de ver como as coisas se realizam. Além de meus trabalhos sobre filosofia política, fui ministro da Educação, o que me permitiu perceber certas dificuldades, quando um governo se defronta com falta de dinheiro e hostilidade parlamentar, e também algumas possibilidades, quando aprendemos o que podem fazer, de bom, políticas públicas bem focadas.

Eu, Alberto Carlos Almeida, sou um engenheiro das ciências sociais. Em que pese o fato de ter iniciado o curso de graduação em Engenharia e não ter concluído, creio ter levado a forma de raciocinar desta disciplina para a Ciência Política e a Sociologia: a constante busca pelo rigor analítico e por evidências empíricas que sustentem minhas afirmações. Tive a felicidade de concluir o doutorado em Ciência Política, tornar-me professor universitário (e deixar de sê-lo), especializar-me em pesquisas de opinião pública – o que me obriga e permite ouvir *o outro, um outro* espalhado por todo o Brasil, de diferentes regiões e classes sociais – e de conviver com os mais diversos públicos da elite brasileira: intelectuais, empresários, participantes do mercado financeiro, políticos e jornalistas. Meu aprendizado é constante e diário, o que com frequência me leva a rever minhas visões e afirmações. Minhas palavras neste livro são resultado desta trajetória que sempre desafiou, e continuará desafiando, minha maneira de ver o mundo.

Construímos este livro a partir de diálogos que gravamos no começo de 2021 e, posteriormente, atualizamos.* Na verdade, parece que se passaram décadas de lá para cá. Isso faz parte de nosso tema! A política pode, às vezes, se arrastar. Temos a impressão de que estamos repetindo sempre os mesmos problemas. Quem viveu a forte inflação brasileira, que durou dos anos 1970 até os 1990, e foi um dos principais legados da ditadura à democracia, entenderá essa sensação de que os esforços são sempre frustrados. E em outros tempos, o relógio da História se acelera. Pois, entendendo melhor a política – e também a

---

* Este livro é um desdobramento do curso A política como ela é, oferecido pelos autores e disponível em: https://sun.eduzz.com/756218.

nossa política – será possível compreender melhor este ponto, e saber como agir na política.

A ciência política, assim pensam muitos, nasceu com Maquiavel. O pensador florentino do século XVI ficou com uma imagem péssima. Muita gente sabe, dele, apenas que "os fins justificam os meios". Mas ele nunca disse isso! Ou seja, muita gente não sabe nada dele. O que Maquiavel procurou foi entender como a política funciona. É chocante, às vezes. Mas é o caminho. Para melhorar a política, há que se fazer política.

Mas podemos comparar os males da política às doenças. Um cientista, quando procura a cura para uma moléstia, tem de entendê-la. Ele vai explicá-la. Mas isso não quer dizer que ele a aprove! Só que, sem esse estudo, jamais teríamos vencido tantas doenças. Está mais que na hora de entender que problemas sérios, graves, exigem conhecimento. A corrupção, por exemplo. Se não entendermos quais são as suas causas, jamais vamos superá-la.

Esperamos, por fim, que você, nossa leitora ou leitor, aprecie este livro, e que ele lhe dê elementos para viver melhor a política – seja como político, seja como cidadão.

1.
Presidencialismo

ALBERTO CARLOS ALMEIDA: Antes de começar a abordar o sistema presidencial de governo, o presidencialismo, dentro do qual o Brasil vive desde a instauração da República, gostaria de fazer uma breve comparação entre presidencialismo e parlamentarismo. Nesse sentido, considero importante refletirmos sobre a fonte da legitimidade nos dois sistemas.

Em primeiro lugar, qual é a fonte de legitimidade do poder exercido pelo chefe de governo no presidencialismo? O voto popular. Com exceção do sistema eleitoral formado por colégios eleitorais, como é o caso dos Estados Unidos, no presidencialismo o povo vota sempre diretamente no presidente da República. Mesmo no caso norte-americano – em que o povo elege um colégio eleitoral –,[1] a fonte da legitimidade ainda é o povo: pelo voto popular, é a população quem elege um colégio eleitoral para intermediar a escolha de um presidente. Ou seja, a fonte da legitimidade será sempre o voto popular no presidente.

Assim, se compreendermos "legitimidade" como sinônimo de "consentimento", entenderemos que a sociedade consente ser chefiada pelo presidente. De modo, portanto, que a fonte do consentimento é a escolha da sociedade. No presidencialismo, há diferentes fontes de consentimento, ou seja, votos diferentes: para chefiar o Poder Executivo, votamos em um presidente; para o exercício do Poder Legislativo, votamos em um deputado federal, por exemplo, e em um ou dois senadores. Cada voto, uma fonte de legitimidade distinta, um consentir diferente.

Por outro lado, no parlamentarismo, a fonte de consentimento e, portanto, de legitimidade, será a mesma tanto para o deputado quanto para o chefe de governo – o primeiro-ministro. Enquanto no presidencialismo, diferentes votos consistem em diferentes fontes de legitimidade, no parlamentarismo, o cidadão, ao votar em um deputado, vota também para a formação do governo inteiro. Com um único voto, ele escolhe tanto o Poder Legislativo quanto o Poder Executivo.[2] E dessa distinção entre os dois sistemas de governo derivam outras diferenças.

RENATO JANINE RIBEIRO: Exatamente. E acrescento outra reflexão: quando falamos em presidencialismo, e sobre as diferenças entre presidencialismo e parlamentarismo, estamos falando sobre o que exatamente? Sobre democracia.[3] Presidencialismo e parlamentarismo são as duas principais formas de organização das democracias.

Por razões que serão discutidas mais adiante,[4] o continente americano é quase todo formado por nações presidencialistas. Os Estados Unidos, onde o presidencialismo começou, são um país presidencialista. São presidencialistas as antigas colônias espanholas e a antiga colônia portuguesa, o Brasil. Na América do Sul, somente as antigas colônias britânica e holandesa são parlamentaristas, a Guiana e o Suriname. Ou, na América Central, do Norte e no Caribe, as ex-colônias britânicas, como a Jamaica e o Canadá. Já o parlamentarismo vigora com mais intensidade fora da América: na Europa Ocidental, formada por sólidas democracias, e em algumas nações democráticas da Ásia, como o Japão e a Índia. De fato, o sistema de poder presidencialista é algo basicamente do nosso continente, uma invenção dos Estados Unidos. E como surgiu?

Após conquistarem sua independência, os estadunidenses se viram diante de um desafio gigantesco: como construir uma sociedade democrática? Como construir uma democracia aplicada em uma grande sociedade, não apenas em uma cidade pequena, como em Atenas na Antiguidade, ou como ocorreu em cidades italianas, holandesas e suíças no fim da Idade Média? O filósofo e teórico político Jean-Jacques Rousseau (1712-1778), por exemplo, se orgulhava de viver em uma Genebra democrática, a república em que ele nasceu. Mas os intelectuais que pensaram a política nos séculos XVII e XVIII eram unânimes em considerar a democracia um regime de poder adequado ao contexto das cidades, inadequado para grandes populações.

Nos Estados Unidos, formulou-se, então, um sistema de organização de poder constituído por uma síntese de outros sistemas: um elemento da monarquia, o presidente; um elemento da democracia, a Câmara dos Representantes – como eles chamam o que no Brasil conhecemos por Câmara dos Deputados; e um elemento da aristocracia, o Senado. A este novo sistema se dá o nome de presidencialismo.

Com o presidencialismo, os Estados Unidos se tornam o primeiro Estado democrático de grande extensão geográfica, com representação direta, em que o Poder Executivo é eleito pelo voto popular, ainda que por intermédio de um colégio eleitoral, e no qual a sociedade em geral cultiva uma identificação bastante relevante com o presidente da República. Mais tarde, será este também o sistema praticado pelos países emancipados da Espanha na América Latina e pelo Brasil, quando se torna republicano.[5] De uma forma ou de outra, nós, do continente americano, nos sentimos mais confortáveis escolhendo o presidente da República diretamente.

Para nós, brasileiros, a ideia de que a chefia do Poder Executivo seja diretamente estabelecida pelos cidadãos é muito importante. Isso vale não apenas na União, para o presidente da República, mas também para governadores e prefeitos. Em todas as esferas, executivo e legislativo são preenchidos pelo voto direto. Pelo voto direto, mas separadamente, o que às vezes gera conflitos. Não é raro existir um Executivo sob controle de um grupo político e o Legislativo sob controle de outro.[6] Esse tipo de conflito será comum, portanto, porque, como Alberto explicou, no presidencialismo, há duas legitimidades conferidas: a que se atribui pelo voto popular direto no presidente e a que se atribui a deputados e senadores com outro voto.

Além disso, aparentemente, o presidencialismo funciona melhor quando se tem duas Câmaras.[7] Ou seja, uma chamada Câmara Baixa, a Câmara dos Deputados – que representa a população mais ou menos proporcionalmente à população dos estados ou distritos –, e uma Câmara Alta, o Senado, que, tanto no Brasil quanto nos Estados Unidos, é preenchida por um número igual de representantes por estado, independentemente de sua população. Quando se tem Senado e Câmara, o presidente tem uma tarefa difícil, porque precisa encontrar entendimento com as duas Casas, enquanto governadores e prefeitos precisam dialogar somente com uma casa legislativa. Não por acaso, é raro governadores e prefeitos terem minoria na Assembleia Legislativa ou na Câmara Municipal, e mais raros ainda os casos de impeachment. Já no âmbito federal, o presidente deve conquistar entendimento com as duas casas legislativas. Ao mesmo tempo, como são duas casas, nenhuma pode se considerar a legítima representante do povo isoladamente – o que, em compensação, fortalece o presidente, porque evita seu enfrentamento direto com um Legislativo unicameral. (No Equador, a soma de presidencialismo com unicameralismo levou a sucessivas derrubadas de governo em curto prazo.)

Além disso, sobre o sistema eleitoral: vale a pena refletir sobre as eleições em turnos. No Brasil, durante bastante tempo, foi praticado um sistema eleitoral com apenas um turno.[8] Os dois turnos foram adotados já na Constituição de 1988, para presidente, governadores de estado, prefeitos de capitais e de cidades com mais de 200 mil eleitores, que são poucos municípios.

ACA: Exatamente 85 municípios, incluindo as capitais.

RJR: Ou seja, pouco mais de 1% dos 5.570 municípios brasileiros. E adotamos o sistema de dois turnos, em grande razão, para evitar escolhas presidenciais sem maioria absoluta dos votos.[9] Mas é interessante notar que, em alguns países da América Latina, os dois turnos funcionam de outro modo. Por exemplo, um candidato é eleito com 45% dos votos na Argentina, ou com 40%, se tiver ao menos 10% de diferença para o segundo colocado. Por que isso ocorre lá? Para evitar uma pulverização de candidaturas.

Aqui no Brasil, e isso acontece em muitas eleições municipais, alguém se apresenta candidato com apenas 2% ou 3% de intenção de voto, acreditando que, se fizer uma boa campanha, pode chegar a 10% ou 15%, e talvez ir para o segundo turno – quando porventura terá chances de ganhar. Cria-se, assim, uma ilusão: pessoas sem chance alguma de vencer apresentam-se como candidatas. E isso pulveriza as candidaturas. Às vezes, gerando resultados muito ruins.

ACA: Interessante, Renato, quando você menciona o sistema argentino, é perceber que, se a nossa regra fosse igual, Lula teria sido eleito no primeiro turno nas duas disputas, em 2002 e 2006. Dilma Rousseff teria sido eleita no primeiro turno em 2010 e Jair Bolsonaro teria sido eleito no primeiro turno em 2018. Só em 2014 teríamos um segundo turno, entre Dilma e Aécio Neves. Lula, por sua vez, teria sido eleito de novo em 2022, com 48% dos votos válidos. Digamos, portanto, que a regra argentina, comparativamente, tenta assegurar uma legitimidade tão grande quanto a nossa, mas faz isso de maneira mais econômica em relação à realização de segundos turnos.

De qualquer maneira, é muito difícil a virada do primeiro para o segundo turno. Se tomarmos como referência as eleições presidenciais no Brasil, sempre quem chega à frente no primeiro turno acaba vencendo no segundo turno. Claro, não significa que uma virada não possa acontecer. Mas é difícil. Inclusive nas eleições estaduais e municipais.

Além disso, Renato, gostaria de acrescentar uma observação sobre o Senado. Ele está presente em federações, em países que dão maior autonomia a governos locais. Em países como Brasil, Argentina, Colômbia, Estados Unidos, Rússia – grandes territorialmente e com uma população numerosa e não concentrada em somente uma ou outra região –, é necessário delegar para que entidades regionais governem. E aí o Senado tem um papel importante para a representatividade das unidades federadas.

O Brasil é um país de forte tradição presidencialista, para se ter ideia do que isso significa, no breve intervalo parlamentarista que tivemos no período republicano, de setembro de 1961 a janeiro de 1963, no Brasil, Tancredo Neves foi o primeiro-ministro por mais tempo e falou uma frase que nunca me esqueci: "Eu nunca vi um parlamentarismo tão presidencialista quanto esse." Por que ele disse isso? Porque o Congresso derrubava proposições do governo, mas o gabinete continuava, não caía. Tancredo permanecia como primeiro-ministro. Isso acontecia já por conta da nossa forte tradição presidencialista. Na mente do brasileiro, o Parlamento votar contra o governo não seria motivo para derrubar o gabinete. Ou seja, mesmo naquele breve período em que adotamos uma instituição parlamentarista, nossa prática, nossa mentalidade, estava mais em harmonia com o presidencialismo.

RJR: Aproveitando esse exemplo, vale mencionar que uma grande vantagem do parlamentarismo sobre o presidencialismo é a possibilidade de trocar de governo sem grandes traumas. Porque, no parlamentarismo, o Poder Executivo não tem um mandato fixo. Já no presidencialismo, o governo tem um mandato fixo.[10]

ACA: Sim, e esse advento do mandato fixo dá uma enorme rigidez ao sistema político. Ele é fixo justamente porque está escrito na Constituição. Veja o caso da pandemia, por exemplo, quando, para se alterar a data da eleição municipal, foi necessário alterar o texto da própria Constituição.

RJR: Certamente. E não há essa rigidez no parlamentarismo. Na França, parlamentarista, não há um dia determinado para uma megaeleição que elege presidente, governador, dois senadores, deputados federais e deputados estaduais. Não é tudo no mesmo dia, como aqui no Brasil. Há uma eleição para deputado, depois para prefeito, outra para conselho regional e outra para o Parlamento Europeu, separadamente. Por isso mesmo a França não tem tanta necessidade – assim como outros países parlamentaristas – de mudar para o voto eletrônico. Contar os votos manualmente, por lá, não é tão complicado quanto seria aqui. Faz-se em uma ou duas horas.

Mas, voltando ao que eu dizia sobre a troca de governo nos dois sistemas, no regime presidencialista, se um presidente não satisfaz, é difícil tirá-lo do cargo. No presidencialismo, só se pode impedir o presidente em razão de um crime cometido. Não se deve aprovar um impeachment meramente porque o presidente ficou impopular. No caso do ex-presidente Fernando Collor de Mello, na época filiado ao então Partido da Reconstrução Nacional (PRN), o crime até que foi detectado, tipificado etc. Mas, no fundo, ele caiu porque tinha se tornado impopular. Já no caso da ex-presidente Dilma Vana Rousseff, do Partido dos Trabalhadores (PT), foi mais difícil comprovar o cometimento efetivo de um crime, e mesmo assim a afastaram.[11]

ACA: Importante você mencionar isso. Existe muita controvérsia sobre o impeachment da Dilma. Há quem afirme que ela foi impedida sem crime de responsabilidade. Mas vamos pensar em que consiste o mecanismo do impeachment. Eu o comparo a uma bomba atômica. Porque o sistema presidencialista é rígido. No presidencialismo, o impeachment é algo muito traumático. Mas o julgamento de um impeachment não é um julgamento jurídico. É político. Deve-se ter isso em mente, porque ele é decidido pelo voto de representantes eleitos, deputados e senadores. Por isso é político. O impeachment não é julgado por juízes, pelo Supremo Tribunal Federal (STF) ou pelo Superior Tribunal de Justiça (STJ). Para acontecer, ele precisa ter uma razão com bases jurídicas, mas o julgamento em si é um julgamento político.

O que se pode afirmar é que há impeachments com uma base jurídica mais bem estruturada – portanto, mais aceitáveis do ponto de vista da lei –, e há aqueles com uma base jurídica deficiente, então com maior dificuldade de aceitação legal. Porém, no fim das contas, quem decide se foi crime ou não são deputados e senadores. Eles é quem decidem. E, justamente por isso, o impeachment será sempre um julgamento político.

RJR: Entendo que aqui temos um aspecto duplo: por um lado, o impeachment é um julgamento político, mas, por outro, é um julgamento que presume um crime. O impeachment é algo que nasce na Inglaterra. *Impeach*, em inglês, na verdade, não significa condenar, mas acusar alguém para ser julgado por um outro tribunal. Algo como "acusar, apontar". Nos Estados Unidos, quem faz o impeachment é a Câmara dos Deputados, que acusa o presidente para depois ser julgado no Senado, sem afastamento do cargo. Um processo muito rápido. O impeachment de Donald Trump, no começo de 2021, foi decidido em quinze dias. Em apenas quinze dias, ele estava absolvido. Diferentemente daqui, onde um processo de impeachment demanda meses. Mas, nos dois casos, a ideia por trás do impeachment é decidir com base em um patamar de exigência elevado. Nos Estados Unidos, esse patamar elevado funciona. Apenas um presidente chegou perto de ser condenado a perder o cargo – Andrew Johnson, em 1868. De 45 presidentes estadunidenses, nenhum foi destituído. Já no Brasil, dos cinco presidentes eleitos pelo povo desde 1985, dois foram afastados. Então, nesse sentido, o mecanismo do impeachment se tornou algo traumático no Brasil.[12]

Isso significa que mudar para o parlamentarismo seria positivo para nós, brasileiros? Não necessariamente. Nossa cultura não abre muito espaço para isso. Tudo indica que nós queremos um indivíduo que chefie, que personalize o governo. Deixarmos o presidencialismo em favor do parlamentarismo pressuporia, necessariamente, uma mudança de cultura política. E não se faz isso facilmente.

ACA: Com certeza. Veja, por exemplo, que, à época do plebiscito de 1993, os partidários do presidencialismo justificavam sua aversão ao parlamentarismo com o lema "Não deixe que os políticos tirem o seu direito de escolher o presidente da República". Ou seja, escolher o parlamentarismo, para eles, seria o mesmo que delegar a escolha do chefe maior da nação. Perceba a força desse argumento. E perceba o quanto ele está associado a uma mentalidade, a uma cultura política, de personalização.

Como resultado, é natural que, geralmente, os partidos políticos sejam mais fracos em países presidencialistas e mais fortes nos parlamentaristas. Mesmo nos Estados Unidos, onde os partidos são fortes, ainda são mais fracos que os partidos europeus. Por quê? Porque o personalismo permite que determinados líderes guiem o partido para uma determinada direção.[13] Isso não ocorre no parlamentarismo. Se um determinado líder não encontra consenso com a maioria do partido, ele é derrubado. Simples assim.

RJR: Acrescento outro elemento que ilustra nossa aversão cultural ao parlamentarismo: damos mais atenção à escolha do candidato ao Poder Executivo. Os cidadãos brasileiros pensam, discutem e escolhem em quem votar para prefeito, governador ou presidente, mas refletem pouco ou nada sobre sua escolha para deputado, vereador e até mesmo para senador. Essa pouca atenção ao Poder Legislativo cria Câmaras pouco representativas da vontade popular, se comparadas com o Poder Executivo. Presidentes, governadores e prefeitos acabam tendo uma legitimidade maior, não no sentido legal, mas no sentido do investimento afetivo que as pessoas fazem em sua escolha.

Para mudar isso, para, porventura, nos tornarmos parlamentaristas, haverá uma necessidade prévia, lógica, de nos voltarmos para o Legislativo com mais atenção. Não sei se somos presidencialistas porque prestamos mais atenção ao nosso voto para o Executivo, ou se prestamos mais atenção ao nosso voto para o Executivo porque somos presidencialistas.

ACA: Vira um alçapão. Depois que você entra no sistema é muito difícil sair. Isso vale para nós, presidencialistas, e para os países parlamentaristas também. O sistema se retroalimenta o tempo inteiro. Quando vejo pessoas argumentando que, se o Brasil fosse parlamentarista, evitaríamos algumas das últimas crises políticas, sempre lembro o seriado *House of Cards* e o personagem Frank Underwood, interpretado por Kevin Spacey: um deputado que pouco a pouco foi se tornando cada vez mais importante. Como? Utilizando seus contatos com os principais lobistas para distribuir recursos aos parlamentares de seu partido e, consequentemente, recebendo cada vez mais apoio e poder até chegar à presidência.

Guardadas as devidas proporções, a trajetória de Frank lembra a do deputado federal Eduardo Cunha até se tornar presidente da Câmara. Como ele conseguiu? Fazendo pequenas e grandes benesses. Ou seja, tivéssemos o parlamentarismo vigente no Brasil, talvez resolvêssemos as crises mais facilmente, mas talvez alguém com o perfil de Eduardo Cunha conseguisse mobilizar recursos de campanha e financiar deputados para ser primeiro-ministro eternamente.

Nos países onde é vigente, o parlamentarismo é vinculado a um determinado sistema eleitoral. O nosso sistema eleitoral, combinado ao parlamentarismo, poderia proporcionar as condições ideais para um tipo como Eduardo Cunha permanecer primeiro-ministro eternamente. Nós temos o voto proporcional com a lista aberta, isto é, nosso eleitorado vota na pessoa de um candidato, é o eleitor quem define quem vai ficar em primeiro, segundo, terceiro lugares e assim sucessivamente na lista. Os países europeus parlamentaristas que, como nós, adotam o voto proporcional apresentam em sua grande maioria uma lista fechada e preordenada; é dentro do partido, em uma convenção, que se definem os primeiros colocados em cada lista e que são justamente os que provavelmente serão eleitos. Nosso sistema incentiva as campanhas individuais, fazendo com que cada deputado obtenha recursos exclusivamente para sua campanha, daí a necessidade de se ter a ajuda de alguém como Eduardo Cunha, ao passo que nos sistemas de lista fechada a campanha é para se votar no partido. Nesse sentido, para o Brasil, o presidencialismo pode ser infinitamente superior.

RJR: Concordo. Parlamentarismo e presidencialismo são apenas sistemas de governo diferentes. Cada um tem vantagens e desvantagens. Porque um funciona bem na Europa não significa que funcionaria bem aqui. Vejamos a seguir, mais detalhadamente, o parlamentarismo.

2.
Parlamentarismo

ALBERTO CARLOS ALMEIDA: O parlamentarismo, tal qual o presidencialismo, constitui um sistema de governo.

RENATO JANINE RIBEIRO: Enquanto o presidencialismo é um sistema democrático que funciona no continente americano (surgido nos EUA, conforme explicamos anteriormente), o parlamentarismo começa na Europa Ocidental e é adotado naquele continente, bem como em ex-colônias europeias de outras partes do globo, inclusive no Canadá e em vários países do Caribe. Mas como o parlamentarismo surge? Para responder a esta pergunta, temos de falar um pouco sobre a história inglesa.

O Parlamento mais antigo do qual há documentação remonta à Idade Média, ao ano de 1265, na Inglaterra. Naquela altura, já fora limitado de algumas formas o poder do rei; o Parlamento consolida a ideia de que o imposto teria de ser votado por ele, como representante da sociedade.[1] No restante da Europa, surgem vários tipos de parlamentos, que constituem mecanismos de restrição do poder monárquico, com os nomes de Cortes, na Península Ibérica, Estados Gerais, na França, ou Dietas, na Europa Central, mas somente nas Ilhas Britânicas ele será conservado após o advento da Idade Moderna.

Com a Idade Moderna, em geral, o poder dos reis é fortalecido e as monarquias ficam mais poderosas, mas não na Inglaterra.

Na década de 1640, o conflito entre rei e Parlamento culmina na Guerra Civil Inglesa, ao termo da qual o rei é deposto, julgado e decapitado. Uma breve república chega a ser instaurada, tendo Oliver Cromwell como chefe de Estado. Entretanto, logo antes da Guerra Civil, pela primeira vez na história inglesa, houve uma espécie de campanha eleitoral: o parlamentar John Pym foi de distrito em distrito pedindo votos para deputados dispostos a limitar o poder absoluto que o rei tentava ter.

Depois que a monarquia é restaurada, em 1660, a conjuntura leva ao surgimento de dois partidos: um mais próximo do rei, os Tories, ou conservadores; e os Whigs, ou liberais, cujos herdeiros, já no século XX, foram os militantes do Labour Party (Partido Trabalhista). Surgem por volta de 1680, a propósito da Querela da Exclusão: Jaime, herdeiro do trono, é católico e se receia que acabe com a Reforma Protestante, que na época já tem um século e meio de duração na Inglaterra. Os Tories querem manter Jaime como sucessor, os Whigs querem garantir uma sucessão protestante. São os dois primeiros partidos importantes da era moderna. Jaime sobe ao trono, numa vitória dos Tories, mas ele é tão radical, tão inábil, tão "impolítico", que perde seus apoios e é deposto em 1688, graças a uma aliança dos dois partidos, que depois aprovam uma lei privando católicos da sucessão ao trono.

Por um tempo, Parlamento e monarca vão conviver sem um delineamento claro de até onde vai o poder de um e de outro. Ainda não se havia estabelecido exatamente o que o rei poderia fazer sem a aprovação do Parlamento. Apenas, é claro, que impostos dependem do seu voto. Mas, no século XVIII, consolida-se um primeiro-ministro, indicado pelo rei, mas que é o líder do partido majoritário no Parlamento. É aí que se pode afirmar que o parlamentarismo começa de fato.

PARLAMENTARISMO

Havia fraude nas eleições? Sim. Havia voto universal? Não.² Porém, mesmo com limitações, no século XVIII nasce um governo responsável perante o Parlamento, conhecido como monarquia constitucional, que vai deixar frutos, influenciando o estabelecimento de várias monarquias também constitucionais – em que o rei exerce o Poder Executivo e o Parlamento é o Poder Legislativo.³ Aos poucos, com o passar do tempo, as decisões acabam por se concentrar plenamente nas mãos do Parlamento.

A primeira coisa a notar é a seguinte: para a monarquia não ser o que hoje chamaríamos ditadura, o monarca pode ser chefe de Estado, representar o país, ter diversas atribuições simbólicas importantes, mas não pode ser chefe de governo. O governo emana do Parlamento. Essa prática culmina no século XX, quando vários países da Europa se democratizam, à medida que seus reis deixam de ser todo-poderosos da política nacional. Mesmo em países que transitam da monarquia para a república, a organização de sistema de governo parlamentarista é mantida. E assim surge o parlamentarismo como o conhecemos hoje, no qual o poder de governo é deslocado plenamente para o primeiro-ministro, e o presidente ou rei, como chefe de Estado, exerce um papel quase decorativo, de representação. Esse modelo de democracia parlamentarista é tipicamente europeu. Diferentemente das Américas, onde presidente (ou chefe de Estado) e chefe de governo geralmente são a mesma pessoa.

ACA: Ou seja, o surgimento do parlamentarismo se confunde em si com o surgimento da própria democracia. A sociedade passa a não aceitar o poder da realeza, da nobreza, do rei e de seus descendentes, e escolhe ser governada pelo poder que emana do Parlamento. Esse processo de parlamentarização, que começa com um Parlamento que toma o controle da taxação dos impostos, é também o próprio surgimento em si da sociedade liberal. De modo que se pode afirmar a sociedade inglesa como inventora não apenas do futebol e de outros esportes praticados na grama, mas também do capitalismo, do parlamentarismo e da própria democracia moderna, como a conhecemos atualmente. Tudo isso começa com o desejo de uma classe emergente, os burgueses, de limitar o poder do rei. Uma classe que, em conflito com os proprietários rurais e com a nobreza, estabelece um sistema de controle da taxação de impostos através do Parlamento.

O célebre *The English Constitution*, de Walter Bagehot,[4] citado na série *The Crown*, afirma que há duas partes da Constituição: a dignificante e a eficiente. Ou o chefe de Estado e o chefe de governo, respectivamente. A dignificante, segundo ele, dá força ao governo, e a eficiente usa a força do governo para governar. Ele chama a atenção também para uma simbiose, no parlamentarismo, entre o Poder Legislativo e o Poder Executivo. Algo bastante diferente do que ocorre em sistemas presidencialistas, onde há uma divisão bastante clara entre os dois poderes. Por que isso ocorre? Porque, no parlamentarismo, o chefe de governo vem, na verdade, do Poder Legislativo – o cargo de primeiro-ministro é ocupado pelo líder do partido majoritário no Parlamento, um *primus inter pares*, ou seja, um primeiro entre iguais. Dessa forma, naturalmente, o Poder Executivo, o gabinete, é formado por representantes do Poder Legislativo, vários deles parlamentares, representantes iguais ao primeiro-ministro.

RJR: Muito boa a citação ao Bagehot, porque seu título aponta outra característica da democracia inglesa: o Reino Unido não tem Constituição escrita. As leis ocupam o lugar que, em países como o Brasil, é o da Constituição. Os ingleses têm uma Carta Magna, uma primeira declaração de direitos, estabelecida ainda na Idade Média, em 1215. Não ter Constituição, não ter um documento constitucional, significa que uma simples nova lei pode mudar tudo. Recentemente, houve leis que mudaram a composição da Câmara dos Lordes e leis que mudaram também o sistema eleitoral inglês. O Reino Unido é um país cujo sistema democrático vive da memória, da tradição, da sequência – o que tem um valor extraordinário. Não há lei que impeça, por exemplo, um governo, de mudar tudo e proclamar uma república. Mas os costumes democráticos estão muito enraizados e os governos não tomam decisões abusivas.

E sobre o Poder Legislativo e Executivo constituírem na verdade um só poder, no parlamentarismo é exatamente essa característica que proporciona a este sistema de governo a possibilidade de passar por momentos turbulentos, de conflitos políticos, sem grandes traumas, diferentemente do presidencialismo, onde um conflito não é algo trivial – justamente porque Poder Executivo e Legislativo, no presidencialismo, são formados por votos diferentes, que atribuem legitimidades distintas, como explicamos anteriormente. Já no parlamentarismo, quem forma o governo é a maioria do Parlamento. Ou seja, se a maioria for instável, pode acontecer de o governo cair. Se a maioria tem força, o governo permanece. Margaret Thatcher (1925-2013) governou por mais de dez anos (1979-1990), e chegou uma hora em que seus próprios colegas do Partido Conservador se cansaram dela e a mandaram embora. Há uma abertura para troca de governo muito menos traumática, bem mais fácil do que no presidencialismo, portanto.[5]

Entretanto, para o próprio parlamentarismo não gerar crises em si, no seu modelo de governo, ele deve ter alguma estabilidade. As duas formas de estabilidade que historicamente foram alcançadas são: ter um presidente forte, escolhido diretamente pelo povo, como na França, onde dizem hoje, do chefe de Estado atual (Emmanuel Macron), que ele é "jupiteriano", quase um deus do Olimpo; ou ter uma composição parlamentar com poucos partidos.

ACA: Acerca desta abertura para troca de governo proporcionada pelo parlamentarismo, um bom exemplo são as transições que ocorreram de Margaret Thatcher para John Major e, mais recentemente, de Theresa May para Boris Johnson, de Johnson para Liz Truss e dela para Rishi Sunak. Em todas essas mudanças de governante, o chefe de governo foi trocado sem que tenha havido eleição – algo que, para nós, regidos por uma organização presidencialista, é inimaginável. Nessas situações, a troca se deu dentro do mesmo partido: antecessores e sucessores eram conservadores.

Outra distinção entre parlamentarismo e presidencialismo é observada por Guido Tabellini e Torsten Persson no livro *The Economic Effects of Constitutions*.[6] Os autores comparam, proporcionalmente à riqueza de cada país, os gastos governamentais em países parlamentaristas e presidencialistas, e concluem que governos em países parlamentaristas gastam proporcionalmente mais do que governos de países presidencialistas. Por que isso acontece? Tenho uma hipótese não testada: nos países parlamentaristas, o gabinete forma o governo e o gabinete é formado por parlamentares. E, bem, quem conhece deputados sabe: eles gostam de gastar. No presidencialismo, o presidente tem um voto nacional que independe da legitimidade atribuída aos parlamentares. Nesse caso, ele pode ter outras prioridades de orçamento, sem tanta influência do Poder Legislativo quanto em um governo parlamentarista – onde os deputados exercem mais influência sobre o orçamento do Executivo.

Isso não significa, é claro, que, no parlamentarismo, o Poder Legislativo simplesmente dê ordens ao Executivo. Pelo contrário, a literatura em ciência política sobre o parlamentarismo afirma com bastante evidência empírica, com muita solidez, que, no parlamentarismo, é o Poder Executivo quem sobrepuja o Poder Legislativo, o gabinete é muito mais poderoso do que o Parlamento. Isso ocorre porque os deputados governistas, de alguma forma, precisam ter mais fidelidade na hora de votar os projetos do Executivo. Por quê? Porque, no parlamentarismo, votar contra o governo pode vir a significar derrubá-lo. A troca de gabinete é certamente mais prejudicial a um parlamentar governista do que renunciar à sua opinião pessoal acerca de um projeto específico. No fim das contas, ao deputado governista de um regime parlamentarista não resta outra saída do que votar com o governo. E, assim, o gabinete é mais poderoso do que o Legislativo.

Mas há mais um detalhe que vale a pena ser mencionado: a literatura em ciência política hoje também classifica outra forma de governo, intermediária, o semipresidencialismo – uma organização de governo parlamentarista onde o presidente, o chefe de Estado, é eleito diretamente. Ou seja, diferentemente do parlamentarismo, digamos, "puro", o chefe de Estado não é eleito indiretamente pelo Poder Legislativo. É o caso de Portugal, da França e de países do Leste Europeu.

RJR: Esse detalhe que você mencionou, Alberto, refere-se a uma certa evolução de modelo de governo. Nesse ponto, o parlamentarismo é um regime que talvez evolua mais do que o presidencialismo. Enquanto ele foi, de certa forma, corrigindo seus erros, aparando suas lacunas, o presidencialismo manteve alguma rigidez, com poucas transformações.

ACA: Exatamente. O que também não significa que o parlamentarismo seja melhor ou superior. Embora aparentemente evolua mais, na prática, o parlamentarismo apresenta mais problemas do que o presidencialismo. Ambos são duas formas de organização diferentes, cada um com pontos positivos e negativos.

RJR: O que é difícil, embora não impossível, é simplesmente adotar um sistema de governo como se fosse uma panaceia. Por exemplo, desde que começou a Nova República, em que, dos cinco presidentes eleitos pelo povo, dois sofreram impeachment, poderíamos inferir que o parlamentarismo teria permitido sua substituição com menos traumas. É verdade. Mas, numa cultura personalista como a nossa, em que se dá mais peso ao voto no Executivo do que no Legislativo, uma reforma dessas teria apoio popular? Duas vezes, o povo disse "não" em plebiscitos. É provável que não se reconhecesse em governos compostos a partir do Parlamento. Ou seja, cada sistema de governo responde a uma cultura política e não pode ser trocado como se fosse apenas uma peça com defeito.

3.
Depoimento de um ex-ministro: o governo visto por dentro

ALBERTO CARLOS ALMEIDA: Ex-ministro do importante Ministério da Educação (MEC) – responsável por um dos maiores orçamentos do Poder Executivo –, Renato Janine Ribeiro foi nomeado em 2015, no segundo mandato da presidente Dilma Rousseff, após ter ocupado o cargo de diretor do setor de avaliação da Coordenação de Aperfeiçoamento de Pessoal de Nível Superior (Capes). Com sua experiência, Renato, você pode nos apresentar, digamos, o governo visto por dentro.

RENATO JANINE RIBEIRO: De alguma forma, acredito, meu depoimento poderá complementar o tema sobre o presidencialismo. Por quê? Porque, como ministro de um governo presidencialista, vivi experiências que demonstram, na prática, as belezas e os males do nosso sistema de governo.

Quero começar lembrando uma frase atribuída ao ex-presidente Fernando Henrique Cardoso, também conhecido como FHC, na ocasião de um julgamento favorável ao aumento salarial de uma determinada categoria do serviço público federal. Sobre o Supremo Tribunal Federal (STF), onde o aumento foi decidido, Fernando Henrique teria dito: "Eles não pensam no Brasil." Não sei se a frase foi de fato dita, ou se foi dita dessa maneira, mas ela comunica algo justamente sobre o nosso sistema de governo. Naturalmente que Judiciário e Legislativo são poderes essenciais na nossa democracia, mas Fernando Henrique, com essa afirmação, se expressou sobre a maior das preocupações de um chefe do Poder Executivo: o orçamento. No fim das contas, Judiciário e Legislativo tomam decisões – de aumento salarial, por exemplo – que impactam diretamente no orçamento do país, dirigido pelo chefe do Poder Executivo. Em síntese, temos um regime de três poderes independentes, constitucionalmente harmônicos, mas a responsabilidade pelo orçamento é sempre do Poder Executivo. Quem decide quem paga a conta é o presidente. Sob o ponto de vista de quem já compôs o Poder Executivo, posso afirmar que esse é um primeiro ponto muito importante: equilibrar as contas da República é uma grande responsabilidade que recai sobre o presidente. Os outros poderes se preocupam mais em gastar, o presidente, em obter as receitas. É uma divisão de responsabilidades bem difícil.

Mas não apenas isso. Quem está no Poder Executivo precisa ter a capacidade não só de se preocupar com o orçamento, mas de dialogar, de se comunicar habilmente com as pessoas mais importantes da Câmara e do Senado, do Judiciário, com formadores de opinião, grandes empresários, líderes sindicais, líderes espirituais, enfim, uma gama diversa de representantes de diferentes setores da sociedade, com os quais necessita desenvolver uma comunicação eficiente e agregadora;[1] ao mesmo tempo que se preocupa com o orçamento. Porque, no fim das contas, se as coisas dão errado (e não só com o orçamento), a culpa é do Poder Executivo.

A frase de FHC chama a atenção para uma característica do nosso presidencialismo: o responsável pelo conjunto é o presidente.

Enquanto o Parlamento tomará decisões segundo os interesses particulares dos eleitores de cada deputado ou senador, e o Judiciário tomará decisões de acordo com interpretações jurídicas, cabe ao chefe do Poder Executivo olhar atentamente para o conjunto das decisões tomadas pelos poderes, inclusive o seu. É quase assustador. É como se, na política nacional inteira, só houvesse uma pessoa responsável por cuidar do efeito de decisões pontuais sobre o todo – um único que tem a visão do país inteiro.

ACA: Exatamente. A oposição, por exemplo, seja ela qual for, no seu esforço de se tornar governo, desgoverna, pautando temas que de alguma maneira podem prejudicar o orçamento dirigido pelo governo. Ou seja, a frase de FHC faz de fato algum sentido: a oposição pensa em virar governo, o Judiciário pensa nas leis, o legislativo pensa nos seus eleitores – e no meio de tudo isso, está o Poder Executivo que, nas mãos de um presidente, precisa dirigir a nação com responsabilidade diante do orçamento e ser capaz de ter uma visão total sobre o que é benéfico e necessário para a população.

Isso, é claro, não significa que a oposição prejudique o país. Pelo contrário, a oposição é extremamente necessária porque ela obriga o governo a governar. Obrigando o governo a governar, cobrando, criticando, quem ganha é o país. Como ocorreu em 1994, quando a oposição do PT ao governo federal colaborou para uma queda drástica da inflação.[2] Por quê? Porque Lula liderava as pesquisas para presidente, e o governo, precisando alavancar a candidatura de FHC, se viu na obrigação de responder com um cenário econômico positivo – o que, por fim, contribuiu significativamente para a eleição de Fernando Henrique. Ou seja, a oposição obriga o governo a mostrar serviço. Foi o que você foi fazer no ministério da Dilma Rousseff, Renato? Foi responder, governando, à oposição?

RJR: Eu fui nomeado ministro da Educação em 27 de março de 2015, terceiro mês do segundo mandato da presidente Dilma Rousseff. Ela tinha sido reeleita alguns meses antes com uma diferença de 3% dos votos para o segundo colocado, Aécio Neves.[3] Dizem que é pouco, mas é uma maioria nítida. Mas, por um lado, a oposição não lhe deu trégua, por outro, Dilma mudou a política econômica imediatamente, convidando um executivo de banco para o Ministério da Fazenda – alguém que inclusive teria ajudado a campanha do Aécio contra ela –, e isso decepcionou a sua base, composta por setores da esquerda. Então, o governo estava pressionado por todos os lados, e em uma situação difícil economicamente.

Inicialmente, a presidente convidou o governador Cid Gomes, do Ceará, para o Ministério da Educação, que começou bem – por sinal mantive, na minha gestão, os secretários escolhidos por ele –, mas teve um conflito com o presidente da Câmara, Eduardo Cunha e, por essa razão, acabou deixando o ministério. E possivelmente também porque ele percebeu que o cenário estava bastante desfavorável, considerando a falta de recursos para responder a demandas sociais. O segundo mandato de Dilma sofreu com a situação econômica naquele momento. E a despesa da educação é sempre crescente. Por exemplo, se você cria uma faculdade de medicina, no ano seguinte é necessário construir mais laboratórios, comprar mais equipamentos, contratar mais professores. Sem orçamento, essas demandas não são atendidas, naturalmente, e o cenário fica bastante desfavorável para o governo e o ministro.

Contei essas dificuldades no livro *A pátria educadora em colapso: reflexões de um ex-ministro sobre a derrocada de Dilma Rousseff e o futuro da educação no Brasil*.[4] Mas a dificuldade que tive à frente do Ministério da Educação, paradoxalmente, foi mais com a base do governo do que com a oposição. A base do governo estava muito decepcionada com promessas não cumpridas feitas pelo ministro anterior, pela presidente, pelos reitores. E não foram porque não tinha como cumprir. Faltava dinheiro.

Então, meu tempo de ministério foi um tempo de diálogo, de tentar comunicar que a crise passaria, que as dificuldades passariam e que, enquanto isso, deveríamos elaborar projetos, planejar, pensar os seus possíveis resultados e entraves para implementação. Além disso, priorizei esforços para obter o melhor rendimento possível com o orçamento disponível. Por exemplo, quis concentrar a oferta de ensino a distância em poucas universidades federais, para não haver oferta de curso a distância em cada uma das universidades, o que não é necessário e é mais dispendioso. Poderíamos reunir os melhores de cada instituição e ter cursos da mais alta qualidade. Também tentei criar um curso on-line de formação de diretores de escola pública, que os ensinasse a acompanhar os relatórios de avaliação do Ministério da Educação (MEC) e a perceber onde se localizam os problemas particulares de cada escola. A ideia era usar os relatórios como instrumento de gestão, tanto que a segunda etapa do curso apontaria as boas práticas recomendadas para resolver os problemas que fossem constatados.

Meu tempo no ministério foi, portanto, bastante difícil, porque havia uma situação de muita tensão no país. A base do governo não enxergava a implementação de um projeto de governo que havia escolhido para o país, estava decepcionada; ao mesmo tempo, a oposição se mostrava implacável. O PSDB decidiu tentar trocar o governo o mais cedo possível.[5]

ACA: Eu imagino, Renato. Você pode contar um pouco como é o dia a dia de um ministro? Como funciona o trabalho do ministro diante dessas dificuldades?

RJR: Talvez a função mais importante em um ministério seja a do secretário-executivo. Em outros países, ele se chama vice-ministro. Geralmente, substitui o ministro na sua ausência. Trata-se de um cargo decisivo. É o secretário-executivo que acompanha as demandas que precisam ser atendidas. Ele acompanha a parte mais técnica, mais burocrática do ministério. Por isso mesmo, precisa conhecer muito bem a estrutura da máquina pública.

Eu tinha um secretário-executivo excelente, o Luiz Cláudio Costa, e uma assessora de imprensa jovem, também muito boa, Paula Filizola. Os dois tinham conhecimento detalhado do que estava em andamento. Se eu precisasse dar uma entrevista, o que acontecia muito, a Paula sabia tudo sobre qualquer assunto.

O que considero relevante e precisa ficar claro é o seguinte: um ministro pode não dominar tecnicidades, mas precisa entendê-las. Vou citar o projeto de ampliação das faculdades de medicina, que se chamava Mais Médicos. Um projeto maravilhoso e bem executado, que consistia em monitorar as regiões carentes de formação de médicos: antes que alguém pedisse para abrir uma faculdade de medicina, o ministério se encarregava de fazer isso. Esse modelo é interessante porque atende às necessidades do país e não ao interesse eventual de algum empresário interessado em criar uma faculdade. Eu entendia de faculdade de medicina? Não. Mas tinha uma equipe excelente, chefiada pela Marta Abramo, que acompanhava o projeto. E, no dia de anunciar os resultados de cada edital, o ministro tem que saber bem do que se trata. Basicamente, o ministro é quem traduz as informações específicas em linguagem política. A grande diferença entre o ministro e os técnicos do ministério é essa. Eles precisam dominar as tecnicidades para colocá-las em prática; já o ministro precisa entender as tecnicidades para comunicá-las apropriadamente e conseguir apoio político.

Esses cargos, conhecidos como "de confiança", em governos sensatos são ocupados por pessoas competentes, que entendam o tema sob sua responsabilidade. Um governo petista quer mais ensino público gratuito. Um governo tucano quer mais faculdades particulares pagas. São escolhas de governo. Mas os dois vão querer que as faculdades sejam boas. E ambos precisam de técnicos que digam a verdade, que façam uma avaliação correta. A missão do ministro é saber traduzir essas políticas de governo em linguagem política. Ainda mais no MEC, um ministério grande, diretamente presente na vida de pelo menos 50 milhões de pessoas, entre alunos do ensino básico e superior, professores, funcionários etc., sem mencionar suas famílias, e aí chegamos quase à totalidade da população brasileira! Por isso, o perfil de um ministro responsável pelo MEC precisa ser o de alguém capaz de convencer as pessoas, de conquistá-las, de traduzir a linguagem técnica para uma linguagem que elas entendam. E o mesmo vale para os outros ministérios.

ACA: Outro papel do ministro é o de mediador de conflitos, certo? Saber conciliar – por exemplo, em uma reunião com líderes de diferentes setores com pontos de vista e planos de ação divergentes para um determinado projeto – tais divergências e interesses na direção de um bom resultado. Você passou por situações assim?

RJR: Várias, muitas. Talvez a mais delicada tenha sido a seguinte: a ministra da Secretaria de Políticas para as Mulheres (SPM), Eleonora Menicucci, veio me visitar um dia e pediu que eu criasse uma comissão de gênero no MEC. Ela já havia conseguido a criação dessa comissão em dezessete dos 34 ministérios que existiam na época. O objetivo da comissão, ligada ao gabinete do ministro, consistia em aumentar o número de mulheres em cargos de confiança. Realmente, a discrepância é enorme: o número de mulheres em cargos mais elevados é muito inferior ao de homens. Concordei e mandei redigir uma Portaria criando a comissão no MEC. Coincidentemente, na mesma ocasião, dois servidores da Secretaria de Educação Continuada, Alfabetização, Diversidade e Inclusão redigiram uma nota técnica contra o que chamavam de heteronormativismo.[6] A nota foi enviada para a Comissão de Direitos Humanos da Câmara sem passar pelo gabinete do ministro. A simultaneidade das duas iniciativas teve um impacto negativo na Portaria porque, imediatamente, os setores mais conservadores, religiosos, começaram a protestar e a exigir a sua revogação. O ministro Aloizio Mercadante, chefe da Casa Civil, me ligou informando sobre o conflito e deixando sob minha responsabilidade a decisão de revogar ou não a Portaria. Eu decidi não suspender, mas rever seu enunciado, transformando a comissão de gênero em uma comissão de combate a todas as formas de discriminação. Mantive o número da Portaria para nem sequer simbolicamente indicar recuo. Foi uma situação estressante porque, com essa medida, o governo não conquistou o amor da extrema direita; ao mesmo tempo, os dois servidores ficaram furiosos e chegaram a sugerir que o ministro estaria renunciando ao combate à homofobia, o que não era verdade.

Outra situação delicada ocorreu quando recebi quatro deputados que diziam representar a bancada católica. Foi uma conversa difícil. Eles foram ao meu gabinete argumentar contra a ideologia de gênero, mas, na verdade, eram contra a educação sexual. Eu contra-argumentei que a educação sexual educa os jovens para evitar problemas futuros, como gravidez indesejada, doenças sexuais, até mesmo estupros. De repente, percebi que havia na comitiva uma moça com uma máquina fotográfica. Pedi a minha assessora para verificar se a audiência estava sendo filmada. Ora, não apenas estava sendo filmada como também transmitida ao vivo, sem autorização. Depois, descobri que, antes de entrarem em meu gabinete, os deputados fizeram uma oração, transmitida pela internet, seguida da afirmação de que não recuariam na defesa da moral, da família etc. O assunto já era delicado, vinha ganhando corpo e cresceu ainda mais.

Outra experiência à frente do ministério foram as greves. Dilma tinha dado aumento salarial aos servidores da Educação Federal de 45% escalonado em três anos, de 2013 a 2015, que resultou em aumento real de 21%, portanto, bem superior à inflação, e a última parcela foi paga logo antes de eu assumir. Mas, em maio de 2015, universidades e institutos federais entraram em greve pleiteando mais. O Brasil estava em plena crise econômica, com aumento do desemprego e perda de arrecadação para a União, os estados e municípios. Mas muitos no setor público não percebiam a conjuntura negativa, ou não acreditavam nela. Assim, dos seis meses à frente do ministério, quatro foram de greve, prejudicando o dia a dia do trabalho porque eu nem sequer podia visitar os campi das universidades.

ACA: E a dificuldade financeira – orçamento reduzido, corte de gastos – teve impacto em seu ministério?

RJR: Em primeiro lugar, é importante explicar que um orçamento aprovado pelo Congresso e sancionado pela presidência da República só é executado a partir de um decreto, que sai nos primeiros meses do ano. Com o decreto de execução, detalha-se a distribuição do orçamento e a disponibilidade de valores para cada pasta. Nele também pode haver contingenciamentos, que são valores previstos, mas não executados – um dinheiro que se previa gastar, mas que fica em suspenso. Certos pagamentos não podem ser adiados, claro, como os da Previdência Social. Outros, o governo pode decidir contingenciar.

Quando fui ministro, mal tínhamos o dinheiro necessário. Numerosos gastos foram contingenciados. Então, era muito difícil. Achávamos que se a crise passasse, talvez, até o fim do ano de 2015, haveria disponibilidade de recursos, mas isso não ocorreu. Possivelmente ocorreria se Eduardo Cunha e Aécio Neves não tivessem travado uma guerra contra o governo; talvez o Brasil tivesse se erguido mais rapidamente. O fato é que a crise não passou e o dinheiro foi sendo cortado. Havia uma tensão constante. Basicamente, não havia dinheiro.[7] No fim das contas, precisei me preocupar muito mais com questões relacionadas a orçamento do que com projetos pedagógicos, que eram meu interesse principal.

Mais uma questão orçamentária que vale a pena relatar ao leitor é sobre gastos discricionários e não discricionários. Os não discricionários são gastos que obrigatoriamente precisam acontecer, como pagamento de salários; e os discricionários são gastos que teoricamente o gestor pode escolher como alocar. Mas, na prática, muitos são mesmo obrigatórios. Conta de luz, de água, de gás, reparos, manutenção predial, bolsas de estudo são gastos discricionários que, se você decide cortar, gera um caos, um desmonte, como ocorreu no governo Bolsonaro. Produz um apagão na ciência e deixa a educação do país em situação complicadíssima. É uma grande responsabilidade do gestor público. O dinheiro público não pode ser gasto em algo trivial. Tem que gerar bons resultados para a sociedade. O gestor público, diferente do gestor da iniciativa privada, deve gastar apenas com aquilo que é legalmente autorizado. Ou seja, não basta não ser proibido, é preciso atentar também para as responsabilidades atribuídas em lei.

ACA: E, Renato, sabemos que o ensino fundamental I é incumbência somente das prefeituras; o ensino fundamental II fica a cargo de prefeituras e estados; o ensino médio é responsabilidade dos estados e o ensino superior, é compromisso da União. Mas como funciona na prática a atuação do MEC nesse caso?

RJR: Esse é um ponto crucial. Uma emenda constitucional de 1996 divide a organização da educação dessa forma que você mencionou. Mas a verdade é que a maioria das prefeituras não conseguiria tocar a educação de suas cidades sozinhas. Como um município pequeno vai elaborar um plano de educação, que é sua obrigação legal? Muitas vezes, faltam recursos. Não é o caso de grandes metrópoles, das capitais, mas é o da maioria das cidades. Então o MEC tem uma atuação intensa junto a estados e municípios, e uma responsabilidade indireta evidente pela Educação básica.

Desde Murílio Hingel, ministro da Educação de Itamar Franco, a educação do Brasil passou por uma transformação positiva. Mudou-se o modo como se entende educação no país, com a ideia de se priorizar o ensino básico. A União distribui uma quantidade enorme de livros escolares para escolas públicas. Livros que o professor escolhe e o MEC compra. Ela também atua com transferência de recursos, de expertise, *know-how*, formação e treinamento de educadores, para ajudar municípios que precisam muito do apoio federal. São operações de guerra. A dimensão logística na educação é tão complexa quanto a de uma guerra.

Veja o caso do ENEM, é fabuloso. É o segundo maior exame de acesso ao ensino superior, em número de candidatos, no mundo. O primeiro é o da China. Para realizar o ENEM, é necessária uma logística absolutamente complexa. Milhões de exemplares impressos em São Paulo são transferidos para um quartel, onde o ministro da Educação dá início ao processo de distribuição. Há um calendário para distribuir o material pelas diferentes regiões do país. Os exemplares são transportados em caminhões enormes, e depois distribuídos em veículos menores nas respectivas regiões. Os pacotes com as provas são lacrados, e há um relógio em cada um deles, para registrar o horário em que foram abertos. Isso evita fraudes. Mesmo assim, todo ano sempre há alguém que entra com mandado judicial para cancelar a prova. Por isso, essa operação também envolve a Advocacia-Geral da União (AGU), que fica a postos o dia inteiro durante a prova do ENEM, para derrubar alguma possível liminar. Sem o trabalho discreto dos servidores da AGU também não haveria ENEM. E disso muita gente nem sabe. Ainda há outras curiosidades, como adeptos de determinadas religiões que não podem fazer a prova aos sábados. Isso envolve uma logística adicional, para atender a fé dessas pessoas, que ficam nas salas, aguardando o pôr do sol.

O ENEM é uma coisa linda de se ver. Muito bem planejado e organizado para atender a toda a população, independentemente da região, do credo, da situação econômica e social. Algo que foi desenvolvido ao longo dos governos Lula e Dilma, para atender as necessidades peculiares de cada estudante.

Outra coisa: no passado, um indivíduo que não conseguia lidar com números, que nasceu com dificuldades para estudar Matemática, Aritmética, estaria condenado à ignorância, não poderia frequentar a escola. Não é preguiça, há pessoas que biologicamente não conseguem usar números. Hoje, ele tem a educação especial, faz o ensino médio inteiro e se forma, aprende. São particularidades que mostram em alguma medida um avanço na qualidade da educação no país.

ACA: Gostaria de perguntar justamente sobre avanços. No fim das contas, com toda a dificuldade que você enfrentou como ministro, orçamentária e de conjuntura política, seu tempo no ministério significou um tipo de derrota, no sentido das políticas públicas que você infelizmente não conseguiu implementar. O cenário foi complicado, claro. Mas você poderia citar alguma vitória? Algo que, mesmo diante daquele cenário adverso, você desejou realizar e conseguiu?

RJR: Há dois eventos que considero vitórias, ainda que pequenas. O primeiro se deu quando fui ao Fórum Mundial de Educação, na Coreia do Sul, e conheci a ministra da Educação do Paraguai. Conversei com ela sobre criarmos um edital de pesquisa de longo prazo, entre Brasil, Paraguai, Argentina e Uruguai – os quatro países que se bateram na Guerra do Paraguai –, países que poderiam se unir agora para investigar o assunto e colocar, juntos, uma espécie de ponto-final naquele período traumático para o país dela. A ministra ficou tão emocionada que levou a ideia ao presidente do Paraguai, e ele adorou. Foi uma proposta de projeto que me deixou muito feliz. Pena que, quando transmiti o cargo, meu sucessor não deu continuidade. Teria ajudado em nossas relações com um país que ainda sofre as consequências da guerra travada há mais de um século e meio!

O segundo caso ocorreu à época da divulgação do levantamento dos resultados do ENEM, algo que acontece todo ano e que sempre evidencia o mesmo resultado: as melhores notas são obtidas por alunos das escolas particulares mais caras. E a mesma cena se repete: um jornalista pergunta "Como se saiu a melhor escola pública?". E o resultado é sempre inferior, naturalmente, ao das escolas particulares cuja mensalidade custa 5, 10 mil reais. Porém, naquele ano, o Instituto Nacional de Estudos e Pesquisas Educacionais (INEP) decidiu classificar os resultados pelo nível socioeconômico do aluno da escola. Isso me deixou muito feliz. O Chico Soares, presidente do INEP, me explicou que, no nível socioeconômico mais alto, a média da nota era 610 e, no mais baixo, 420. Correlacionando os resultados ao nível socioeconômico dos alunos, a classificação ficou diferente. Quebramos assim a lógica dos rankings, que desconsidera a situação socioeconômica dos estudantes.[8] Quando levei os dados aos jornalistas, eles adoraram, perceberam que o MEC estava fazendo o seu papel. Mas, infelizmente, o governo seguinte, do presidente Michel Temer, decidiu não divulgar mais os resultados por escola.

ACA: Seu depoimento foi muito abrangente, Renato, e eu agradeço porque você conseguiu até falar de temas muito específicos, como o ENEM. Para finalizar, uma pergunta rápida: é claro que o cidadão comum tem pouca ou nenhuma influência sobre os rumos da educação no Brasil. Mas e o ministro? De 0 a 10, quanto poder o ministro da Educação tem para ditar os rumos da educação no país?

RJR: Em primeiro lugar, você diz "poder" para fazer o bem ou para fazer o mal? Não é o mesmo poder. Para fazer o mal, ele tem muito poder. Basta ver o descaso total do Ministério da Educação do governo Bolsonaro. Ao longo de todo o governo, não fizeram quase nada. E, durante os anos da pandemia, não tomaram a liderança diante dos desafios que o vírus criou.

Agora, para fazer o bem, eu diria que o ministro pode pouco, entre 3 ou 4, na sua escala de 0 a 10. Por quê? Porque, sozinho, ele não faz nada. Há pequenas transformações que isoladamente geram poucos resultados, mas juntas poderiam revolucionar a qualidade da educação: como proporcionar que os professores só deem aula em uma única escola; que os professores sejam diretamente formados na matéria que ensinam. São medidas simples, que poderiam melhorar a qualidade do nosso ensino, e que o ministro não pode implementar sozinho. Depende de diálogo com sindicatos, com secretários de estado municipais. Veja, os 27 secretários estaduais (e o do Distrito Federal) são organizados, falam com o ministro todo mês e cabem numa sala de tamanho médio e num grupo de WhatsApp. Os municipais são 5.570, precisariam de um estádio para se reunir, e pouco mais da metade deles participa de sua associação, o que torna mais difícil sua articulação. O ministro precisa negociar com muita gente.

A boa notícia é que a grande maioria desses setores – sindicato, secretários estaduais e municipais – gosta de educação, tem boa vontade e boas intenções, quer proporcionar melhorias. A sabotagem veio de fora do ambiente da educação, da gestão do ensino: veio de factoides, com essas ideias chamadas de escola sem partido e ideologia de gênero, que acabaram roubando a cena, e que não cumprem o objetivo de melhorar a educação. Não é esse o interesse.

ACA: Algum último comentário?

RJR: Sim, gostaria de reafirmar que o MEC é um ministério do qual o futuro do Brasil depende muito. Não há outro ministério mais importante. Economistas liberais britânicos, americanos e europeus priorizam a educação e a classificam como ponto fundamental para a melhoria da economia. Acho um grande erro os economistas brasileiros falarem pouco disso, focarem só em juros, desregulamentação, redução de direitos trabalhistas. É preciso perceber: o futuro depende da educação.

E, para os governos em geral, eu gostaria de deixar uma mensagem: é importante conversar, ter diálogo. Todo governo precisa ser capaz de mobilizar os interesses do país. Mobilizar até mesmo a oposição. Mais educação é uma das pautas que mobilizam o apoio de pessoas em todos os setores – com exceção apenas dos extremistas.

4.
Sistema eleitoral proporcional e sistema eleitoral distrital

ALBERTO CARLOS ALMEIDA: O que é um sistema eleitoral? Trata-se de um conjunto de regras que sistematiza critérios para converter votos em número de cadeiras representativas no Parlamento. Deixemos de lado as eleições majoritárias, para prefeito, governador, senador e presidente, porque são mais simples: o mais votado é eleito. Mas como funcionam as eleições proporcionais para deputados e vereadores? Como, então, os votos são convertidos em vagas no Parlamento? Nesse caso, as regras variam em cada país.

RENATO JANINE RIBEIRO: Isso mesmo. E podemos de pronto afirmar que o Brasil tem uma tradição muito forte de voto proporcional, ainda que constantemente seja proposta uma passagem ao modelo distrital. O pano de fundo dessa questão não é apenas a conversão de votos em cadeiras, mas a construção de maiorias no Parlamento, na Câmara Baixa, aquela que representa proporcionalmente a população de cada estado.

No Brasil, o voto proporcional é previsto desde a Constituição de 1934. No nosso sistema eleitoral, cada estado constitui uma circunscrição, ou seja, uma região que elege um número X de parlamentares.

Cada estado brasileiro, então, elege um certo número de deputados, sendo oito deputados no mínimo e setenta no máximo.[1] Essa equação aumenta muito a representação de estados menos populosos e diminui a representação de estados maiores, como São Paulo, por exemplo.[2]

Tal quantidade de cadeiras por estado é distribuída proporcionalmente aos votos que os partidos recebem em cada circunscrição. Para exemplificar, em um estado que tenha direito a oito deputados na Câmara, o partido que receber um oitavo dos votos elege um deputado; o que receber dois oitavos faz dois deputados; e assim sucessivamente até que sejam preenchidas as oito cadeiras daquele estado. Apesar de apresentar alguns problemas – como a super-representação de estados menos populosos, que nos Estados Unidos, por exemplo, só teriam direito a um deputado –, esse sistema tem a grande vantagem de refletir de maneira bastante adequada a vontade popular.[3]

Entretanto, em um país com muitos partidos como o Brasil, o sistema eleitoral proporcional dificulta a formação de maiorias no Parlamento. Como os partidos resolvem isso? Com coligações. No nosso sistema presidencialista, como o presidente da República tem muito poder, ele acaba negociando ministérios e cargos. No sistema parlamentarista, países com muitos partidos vivenciam a queda de governos que não conseguem conquistar um número de parlamentares suficiente para permanecer no poder. Ou seja, em países com muitos partidos, o sistema proporcional dificulta muito a formação de uma maioria parlamentar governista, tanto no presidencialismo quanto no parlamentarismo.

ACA: É interessante perceber que as democracias se dividem praticamente meio a meio no que diz respeito à escolha entre votos proporcionais e distritais. Há 86 países sob o sistema de representação

SISTEMA ELEITORAL PROPORCIONAL E SISTEMA ELEITORAL DISTRITAL

distrital e 84 que utilizam o sistema proporcional. No meio-termo, há 32 países que adotam o sistema misto, que combina aspectos do proporcional e do distrital. A maioria dos 84 países que adotam o voto proporcional tem circunscrições muito pequenas, como Espanha e Portugal. E as suas ex-colônias, como Brasil, Argentina, Chile, Peru, Equador, Angola, Moçambique, também adotam o modelo do voto proporcional. O mesmo acontece na outra metade, que utiliza o sistema distrital: a maioria é formada por países que foram colonizados pelo Reino Unido e pela França, como Estados Unidos, Canadá, Índia, Austrália, Costa do Marfim, Haiti, Camarões, Gabão, Mali. Essa coincidência evidentemente ocorre por causa da proximidade jurídica e cultural provocada pela colonização.

Em resumo, algo ainda que gostaria de destacar é que o sistema proporcional está menos preocupado em formar um governo e mais preocupado em constituir uma representação de toda a sociedade. O próprio nome denota essa característica: por que "proporcional"? Porque cada partido estará representado proporcionalmente em relação à proporção de votos que recebe.

RJR: Já a vantagem do voto distrital é o modo como se dá a relação entre eleitor e eleito. Por exemplo, o Brasil seria dividido em 513 distritos – atual quantidade de deputados – com a mesma população ou o mesmo número de eleitores, que é o critério geralmente mais adotado. E cada distrito elege, por maioria, o seu deputado, ou seja, para cada distrito, um deputado.[4] Com uma circunscrição distrital menor, seria possível reunir um grupo de pessoas para a campanha, que poderia ser feita de porta em porta, e eleger até mesmo alguém sem o apoio da máquina partidária, com poucos recursos.

Porém, uma grande desvantagem é a manipulação no desenho do distrito, denominada tecnicamente como *gerrymandering*, uma ação deliberada para delinear distritos cuja demarcação favoreça um determinado resultado.[5] É manipulação e não deveria ocorrer. Mas, no voto distrital, acaba acontecendo e reduzindo consideravelmente o caráter democrático da representação.

ACA: O voto distrital tem pontos positivos? Sim. Mas sua eficiência democrática depende muito de quem define os distritos. Um delineamento tendencioso é extremamente negativo. Esta é a grande questão: a definição do distrito precisa ser isenta, com esforço verdadeiro para contemplar a representação democrática de cada região.[6]

RJR: Sim, e expostas as vantagens e desvantagens dos sistemas proporcional e distrital, precisamos falar também do sistema proporcional com lista aberta ou fechada. No sistema proporcional com lista fechada, o partido, ao inscrever a sua chapa, já determina a ordem de escolha interna, ou seja, quem vai ser o primeiro a ser eleito, o segundo, o terceiro, o quarto e assim por diante, de acordo com o número de cadeiras que o partido conquistar. Se o partido conquistar três cadeiras, os três primeiros da lista são eleitos, independentemente do número de votos que cada um receber – o que vale, portanto, é o número de votos que o partido receber e a lista previamente definida. Já no sistema proporcional com lista aberta, que é o adotado no Brasil, a ordem da lista é fixada com base no número de votos que cada candidato receber individualmente. Há, portanto, duas contas a fazer: primeiro, o número total dos votos que o partido recebe, que define a quantas cadeiras o partido tem direito; em seguida, o número de votos de cada candidato, pois as cadeiras são preenchidas por ordem decrescente, do mais votado para o menos votado. Ou seja, digamos que o MDB conquistou sete cadeiras no Parlamento. Quem vai ocupá-las? Os sete candidatos mais votados do MDB.

SISTEMA ELEITORAL PROPORCIONAL E SISTEMA ELEITORAL DISTRITAL

A vantagem do sistema proporcional com lista aberta é que o eleitor define diretamente quem vai para chegar à Câmara. Não é a burocracia partidária, não é o partido. Nós, brasileiros, gostamos desse modelo, que seguimos desde que a Revolução de 1930 extinguiu o voto distrital, que fora instituído no Império e mantido na República Velha. A desvantagem é que ele cria uma competição entre candidatos do mesmo partido. Candidatos com perfis parecidos e que buscam voto na mesma cidade ou região competem entre si, de certo modo, embora sejam companheiros de partido.

ACA: Há ainda dois pontos negativos no sistema proporcional com lista aberta. Um deles diz respeito à memória social em torno das eleições. Já faz tempo, fiz um levantamento, cobrindo vários países, sobre o quanto o eleitor se lembra de seu voto. Nos países em que se utiliza o voto distrital, o nível de lembrança era alto. Nos países em que se utiliza o voto proporcional com lista fechada, também, mas os eleitores lembravam do partido, não do candidato eleito, claro. Em dois países identifiquei um nível de lembrança muito baixo: Brasil e Polônia, justamente dois países que, na época do levantamento, utilizavam o sistema de voto proporcional com lista aberta. Isso significa que o sistema com lista fechada é melhor? Ou que o distrital é melhor? Não. O distrital, por exemplo, muitas vezes leva ao clientelismo. O deputado vira quase um prefeito do distrito. Cada sistema tem vantagens e desvantagens, a questão é escolher qual, entre eles, uma determinada sociedade prefere. Nós, brasileiros, preferimos o sistema que nos permite escolher diretamente a figura do candidato eleito. O segundo ponto negativo é que a eleição com lista aberta torna a campanha mais cara. O número de candidatos em cada partido acaba sendo maior do que seria com lista fechada, em que se vota no partido. Isso traz mais gastos, evidentemente, além de favorecer a prática da troca de favores:

por exemplo, candidatos a vereadores patrocinados por candidatos a prefeitos, uma vez eleitos, retribuem o apoio.

Ainda um impacto relevante é a propaganda eleitoral gratuita: em eleições com um número grande de candidatos, muitas vezes eles optam por chamar a atenção – *jingles* engraçados, apresentações espalhafatosas – em vez de mostrar propostas. Em eleições com menos candidatos e em um sistema proporcional com lista fechada, isso não aconteceria. A relação ocorre entre eleitor, partido e projetos que o partido defende, e é menos personalista e mais institucional.

Além disso, também vale mencionar que alguns poucos países utilizam o sistema proporcional com lista mista: o partido apresenta uma lista fechada, mas é facultado ao eleitor a possibilidade de alterar a ordem da lista.

RJR: É importante enfatizar que nenhum sistema é perfeito, todos apresentam ganhos e perdas. Mas há ainda outra vantagem no sistema com lista fechada: a possibilidade de aumentar a representação de mulheres, negros e indígenas. Bastaria determinar aos partidos que a ordem da lista apresente alternância de gênero, cor e etnia. Seria uma forma de aumentar a participação de mulheres, negros e indígenas na composição do Congresso brasileiro,[7] por exemplo, que está muito atrasado nesse sentido. Outros países comparáveis ao Brasil, em termos de variedade étnica e cultural, têm níveis de participação muito maiores.

ACA: Com certeza, o sistema que favorece o aumento da representação feminina, por exemplo, é o com lista fechada. Está comprovado cientificamente. O que o Partido Socialista faz na Espanha? Alterna a ordem da lista: homem, mulher, homem, mulher. Isso torna a representação feminina no Parlamento espanhol imensa e, consequentemente, há mulheres compondo os governos, ocupando a chefia de ministérios. E acrescento: nesse sentido, o pior sistema de voto é o personalista, como o nosso, em que se vota no candidato e não no partido.

Outra coisa: lista aberta não significa necessariamente igualdade entre os candidatos de um mesmo partido. Basta ver que os partidos priorizam certos candidatos em detrimento de outros. Sempre há aquele que recebe mais recursos, mais apoio, que está mais próximo da burocracia partidária. Na prática, mesmo com lista aberta, os partidos sempre sabem de antemão quais de seus candidatos serão eleitos. Porque são os que recebem mais apoio do partido.

RJR: Bem lembrado, Alberto. Além disso, já que você mencionou o sistema proporcional misto, que poucos países utilizam, também vale comentar o distrital misto, muito associado à Alemanha. Como funciona? Nesse sistema, há os dois aspectos: é possível utilizar, separadamente, o voto distrital e o proporcional. A tese básica consiste em dividir a forma como os deputados são eleitos. Metade é eleita por voto distrital, mantendo a relação direta do eleitor com seus representados; a outra metade é eleita por voto proporcional, geralmente a partir de uma cláusula de barreira, que estipula um porcentual mínimo de votos para o partido conquistar vaga no Parlamento. O resultado nesse caso é que não há um número fixo de deputados, ele varia para garantir a proporcionalidade na Câmara Baixa, o Bundestag.

ACA: Por isso, há quem chame o sistema eleitoral alemão de "proporcional personalizado". O caso da Alemanha é realmente muito interessante, muito complexo, e exigiu um debate sofisticado para ser implementado. Não enxergo, no cenário interno brasileiro, uma conjuntura que favoreça o debate consistente acerca do nosso sistema eleitoral. Eu diria que ainda vamos conviver com o sistema atual por muito tempo.

RJR: Sim, apesar de existir no Brasil um descontentamento muito grande com o sistema atual, não apenas por conta dos conflitos internos nos partidos, mas também por causa do financiamento eleitoral custoso, caro, que acaba favorecendo a corrupção e a política da troca de favores.

Mudanças não são fáceis. Podem ser feitas? Podem. Mas nada é mágico. Aparentemente, os melhores sistemas – com menos pontos negativos – são os mistos, o distrital misto e o proporcional com lista fechada. Mas este tema comporta muita discussão, muito debate, e o objetivo desta obra não é convencer, mas oferecer um panorama que possibilite ao leitor a oportunidade de refletir sobre assuntos caros à sociedade brasileira.

Por isso mesmo vamos abordar em seguida voto obrigatório *versus* voto facultativo. Outra questão importante para se pensar.

5.
Voto facultativo e voto obrigatório

RENATO JANINE RIBEIRO: O voto obrigatório está previsto na legislação brasileira há bastante tempo. Muitos argumentam que, se há democracia, se há liberdade, o voto não deveria ser obrigatório. Vamos começar por esse argumento? Devemos refletir um pouco filosoficamente sobre o que é, mesmo, liberdade. Não existe liberdade sem responsabilidade. Gozar de liberdade necessariamente implica deveres. Se posso desfrutar do direito à cidadania, tenho também que cumprir obrigações. Em Roma, a primeira república da história, os direitos do cidadão romano implicavam a obrigação de cumprir o serviço militar quando o Estado assim requisitasse. Como cidadão, com direito de voto, direito a um julgamento justo, e de não ser torturado, ele também tinha responsabilidades perante o Estado.

O argumento filosófico que justifica a obrigatoriedade do voto é simples: se juntos compomos um Estado democrático – em que todos são partícipes e todos têm direitos –, é necessário, para que ele funcione, que, juntos, sem exceção, participemos efetivamente do voto. Uma participação mínima: votar a cada dois anos. Somada a outras, como ser jurado, mesário. Muitas vezes, são justamente as obrigações cidadãs que fazem os direitos funcionarem. Por exemplo, no começo da Nova República, algumas prefeituras chegaram a cortar o serviço de transporte público quase por completo em bairros mais pobres no dia da eleição – para tentar impedir que essa população votasse. Com a obrigatoriedade de voto, ações deliberadamente fraudulentas como essa não podem ocorrer. O Tribunal Superior Eleitoral (TSE) fica a postos para proporcionar aos cidadãos o direito de exercer a sua responsabilidade perante o Estado, tornando praticamente impossível que isso aconteça.

Por sinal, no segundo turno das eleições presidenciais de 2022, sabemos todos que a Polícia Rodoviária Federal, manipulada pelo bolsonarismo, tentou impedir o voto em vários estados do Nordeste, mais simpáticos a Lula. Neste caso e em outros, a ação rápida da Justiça Eleitoral evitou o crime que é impedir eleitores de manifestarem sua livre vontade.

Nos Estados Unidos, um país com tradição de voto facultativo, mesmo após as leis permitirem o direito ao voto para a população negra,[1] seu índice de comparecimento é menor que o da população branca – resultando na eleição de políticos que privilegiam atender às demandas dos brancos. Perpetua-se, assim, uma espécie de círculo vicioso: o cidadão não vai votar e, portanto, não terá no Parlamento um representante para falar em seu nome; consequentemente, o poder político não fará por ele, pois não está interessado em um voto que *não* vai ser depositado na urna. Por isso, há quem defenda a instituição do voto americano obrigatório, que tem fatores positivos geralmente esquecidos na discussão pública.

ALBERTO CARLOS ALMEIDA: Edmund Burke (1729-1797), pensador conservador, membro do Parlamento britânico, crítico da Revolução Francesa (1789), filósofo que estabeleceu as bases, digamos, do pensamento conservador,[2] escreveu: "Os direitos dos homens compreendem tanto suas liberdades quanto as restrições que lhes são impostas."³ Ou seja, restrições e liberdades são direitos. Ser obrigado a votar é um direito.

RJR: Essa afirmação carrega um aspecto civilizatório. As restrições e as obrigações são, muitas vezes, o que nos civiliza. Direitos e deveres formam um mesmo conjunto inseparável, uma relação intricada. Embora o filósofo e teórico político inglês Thomas Hobbes (1588- -1679) divirja – ao definir liberdade como ausência de impedimentos externos –, a tendência dos pensadores, conservadores e liberais, é considerar direitos e deveres, liberdades e obrigações, ambos como elementos indissolúveis da cidadania. Direitos não são mantidos sem restrições. "A minha liberdade termina onde começa a liberdade do outro", já diz o conhecido dito popular.

ACA: De qualquer maneira, vale mencionar que, segundo o International Institute for Democracy and Electoral Assistance (International IDEA) – organização sediada na Europa, com vasta base de dados comparativa entre países –, 172 países adotam o voto facultativo contra apenas 27 que adotam o voto obrigatório – apenas uma minoria, portanto.

Isso quer dizer que a maioria está certa e a minoria, errada? Não. Eu defendo que o Brasil mantenha o voto obrigatório.⁴ Por que eu penso assim? Em primeiro lugar, não tenho nada contra o voto facultativo. Mas o voto obrigatório coloca as pessoas dentro do sistema. O Brasil é um dos países mais desiguais do mundo. E a literatura em ciência política mostra que, quando o voto é facultativo, a participação política tem um viés favorável às pessoas com maior escolaridade e renda. Em média, as pessoas com baixa escolaridade tendem a não acreditar que ações individuais possam ter impacto global e, por isso, não compareçam para votar. Desse modo, penso que o voto obrigatório no Brasil é um elemento relevante do nosso sistema eleitoral, que favorece a ampla participação política da sociedade.[5] Você concorda, Renato?

RJR: Com toda a certeza. Eleição não é simplesmente o ato de eleger um preferido. É decidir qual a direção política desejada pela sociedade. Sem um sistema eleitoral e sem a participação abrangente da sociedade, perde-se o principal canal de expressão da vontade popular. Se o canal pacífico falha, o canal da violência fala mais alto. Numa sociedade profundamente excludente, se os excluídos não sentem que podem transformar a realidade pelo voto, sobra desesperança e falta de expectativa sobre o futuro. O voto obrigatório, ao incluir a participação política desses cidadãos, ajuda a combater a desigualdade social. Uma democracia na qual mais pessoas votam, mais pessoas são atendidas. Essa é a questão. Desse modo, o que precisa ser perguntado é: "O voto obrigatório favorece o comparecimento nas urnas?"

ACA: Exatamente. A urna eletrônica, por exemplo, é outro fator que favorece a representação das pessoas. Por quê? No passado, com o voto em papel, muitos votos de pessoas analfabetas eram anulados. Por não saberem ler e escrever, elas erravam a marcação na cédula. Isso anulava o voto de grande parte dos eleitores. Com a urna eletrônica – e, claro, com o aumento do índice de alfabetização –, esse problema acabou. Mais gente pode votar, e pode votar corretamente, sem correr o risco de ter o voto anulado por não saber ler e escrever.[6]

Além disso, a participação dessa população no processo eleitoral gerou um impacto direto na qualidade dos serviços públicos. Com a redução dos votos brancos e nulos, houve uma melhora no atendimento dos serviços da área de saúde, em particular nas comunidades mais pobres. O que isso significa? É o tema central da discussão sobre voto obrigatório e voto facultativo: o voto de pessoas mais pobres direciona a atenção dos candidatos – interessados nesses votos, naturalmente – para as comunidades mais carentes, traduzindo-se em melhoria dos serviços públicos.

RJR: Eu notei, acompanhando cartas de leitores a jornais, que quem é contra o voto obrigatório, em geral, é contra o voto obrigatório *dos outros*. São pessoas que acham que votam melhor, que os outros não escolhem bem, por isso nem deveriam sair de casa para votar. Normalmente, são pessoas mais ricas, que se revoltam com o direito ao voto de pessoas mais pobres. É preciso dizer com todas as letras: trata-se de preconceito.

Talvez, quando o Brasil for um país mais justo socialmente, a questão do voto facultativo possa ser discutida em outros termos. Mas não na situação atual. O voto obrigatório, atualmente, tem teor pedagógico, de educação política. Aos poucos, as pessoas percebem que ele traz resultados.

O avanço democrático no mundo foi muito grande desde a década de 1980, com o fim da União Soviética e das ditaduras de direita na América Latina. Da década de 1980 até 2010, tivemos trinta anos gloriosos para a democracia. Temos que defendê-la, recuperá-la onde for necessário, e expandi-la.

ACA: O voto obrigatório não apenas convida a população a fazer parte da conjuntura política do país, mas a incorpora também. Mesmo que somente a cada dois anos. É pouco. Mas é um começo necessário. Pode ser que o Brasil em algum momento adote o voto facultativo? Ninguém sabe. Porém, na atual conjuntura social, meu receio é que ele aumente a desigualdade e gere convulsão social.

6.

Esquerda e direita

ALBERTO CARLOS ALMEIDA: Vamos tratar de um tema polêmico que atualmente gera muita discussão e confusão: direita e esquerda. O que é ser "de esquerda"? O que é ser "de direita"? Afinal, o primeiro governo de Luiz Inácio Lula da Silva (Partido dos Trabalhadores – PT), de 2003 a 2011, foi de esquerda ou de direita? E o seu terceiro mandato, iniciado em 2023?

RENATO JANINE RIBEIRO: E como essas expressões surgem? Na Revolução Francesa, na Assembleia Constituinte, os partidários da monarquia se sentaram à direita e os liberais ou democráticos, à esquerda – assim ganham conotação política os dois termos tão comuns hoje em dia, a partir de uma circunstância casual. A esquerda é, então, associada a uma ideia de política progressista, e a direita, a uma ideia de política conservadora.

Como nossa língua é uma das poucas a distinguir os verbos ser e estar, considero mais correto dizer que alguém *está à esquerda*, ou *está à direita*, porque trata-se de um caráter de localização, que diz mais respeito a uma posição em relação ao outro. Só há esquerda quando existe direita, é óbvio. Justamente por isso, a questão, tão discutida, se os primeiros governos Lula foram ou não de esquerda não é tão relevante – Lula estava à esquerda do Partido Social da Democracia Brasileira (PSDB), que, por sua vez, estava à esquerda do Democratas (DEM). Esquerda e direita não são condições definitivas, mas posições políticas observadas sempre em relação ao outro, e que indicam certas preferências.

Outros casos: entre 1945 e 1960, tivemos eleições democráticas, mas, com exceção da primeira, o Partido Comunista estava proibido. Pois exatamente nela quem venceu foi o marechal Dutra, que era de direita, tendo até simpatizado com o Eixo durante a guerra – mas, na eleição, ele estava à esquerda do brigadeiro Eduardo Gomes.

Dito isso, é importante acrescentar que temos várias maneiras de compreender direita e esquerda. O conservadorismo entendido a partir de Edmund Burke, por exemplo, defende a manutenção do *status quo* com pequenas mudanças incrementais, ele é contrário a mudanças drásticas, revolucionárias. Essa é a direita.

Mudanças revolucionárias são geralmente associadas à esquerda progressista que, entendendo os sistemas de poder como absolutamente injustos, defende a necessidade de revolucionar as estruturas da sociedade. Entretanto, há revoluções também à direita: a ex-primeira ministra conservadora Margaret Thatcher revolucionou o Reino Unido, conduzindo o país a uma política mais direitista do que ela encontrou ao assumir.

Passada a Revolução Francesa, que foi uma revolução basicamente política, as lutas serão cada vez mais sociais. Em vez de se lutar pela república contra a monarquia, pela monarquia constitucional, ou contra a monarquia absolutista, luta-se também pelos direitos dos trabalhadores, ainda no século XIX. Em Paris, em 1848, uma revolução depõe a monarquia e há uma demanda crescente por direitos trabalhistas, que são associados à esquerda. No século XX, surge um conjunto de partidos social-democratas, sobretudo nos países desenvolvidos, que tenta introduzir uma série de direitos trabalhistas na sociedade com o intuito de abrandar o caráter predatório, mais duro do capitalismo.[1] Direitos como férias pagas, aposentadoria e décimo terceiro salário foram adotados sobretudo a partir de reivindicações da esquerda. Mesmo os comunistas, cujo objetivo principal era o de acabar com o capitalismo – diferentemente dos social-democratas –, são responsáveis diretos pela introdução desses direitos, conquistados a partir de greves prolongadas, contundentes, e de confrontos que levaram o capitalismo a fazer concessões. Sem os partidos comunistas, o capitalismo teria se atrasado socialmente. Por outro lado, é claro, pode-se afirmar que, em muitos países, a direita defendeu liberdades individuais e pessoais que os comunistas no poder não reconheceram. Por exemplo, os Estados comunistas sistematicamente não aceitaram a liberdade de expressão e de organização daqueles que discordavam de sua linha. Mas reduziram a miséria, melhoraram a saúde e investiram na cultura.

Esse é um ponto interessante. Filosoficamente, há a tendência a se dizer que a direita defende a liberdade e a esquerda, a igualdade. Nem tanto. Na verdade, a esquerda defende a igualdade social e de direitos. A direita defende a liberdade de empreender. O pensador italiano Norberto Bobbio (1909-2004) tem dois livros muito interessantes sobre o tema: *Igualdade e liberdade* e *Direita e esquerda*. Ele diz que direita e esquerda defendem a liberdade, enquanto extrema direita e extrema esquerda não a defendem. Já a esquerda defende a igualdade, além da liberdade. Com isso, ele diverge da tradição que opõe liberdade e igualdade, a primeira defendida pela direita, a segunda, pela esquerda. É uma tese interessante, a de que liberdade e igualdade podem se combinar, diferentemente do que argumentam vários cientistas políticos, que geralmente as opõem.[2]

ACA: O conceito de liberdade do ponto de vista da esquerda, na imensa maioria das vezes, se relaciona à luta pelo fim das opressões. Por exemplo, os movimentos de esquerda, hoje, procuram destacar a importância de lidarmos, como sociedade, com nossa herança escravista.[3] Enquanto isso, a direita parte do pressuposto de que não há mais opressão. Sua forma de compreender a liberdade ocorre como a defesa do direito de empreender. Ou seja, de lutar contra uma opressão de outra ordem – do Estado contra o empreendedor –, considerando que o empreendedor livre pode ser mais eficiente economicamente.

Em resumo, a direita dá mais valor à eficiência econômica e menos à igualdade de condições sociais, enquanto a esquerda dá mais valor à igualdade de condições sociais e menos à eficiência econômica. Significa que a direita menospreza a igualdade social? Ou que a esquerda menospreza a eficiência econômica? Claro que não. É uma questão de prioridade a partir das respectivas formas de compreender a sociedade.[4] A direita acredita que a eficiência econômica induz a melhorias sociais. A esquerda acredita que tornar a sociedade mais igualitária desenvolve a economia.

RJR: A direita costuma dizer o seguinte: é melhor uma sociedade desigual em que todos tenham um nível de vida melhor, do que uma sociedade igualitária, mas pobre. Essa é a grande crítica da direita aos países comunistas: eles produziriam a igualdade na pobreza. Já no capitalismo, mesmo os pobres ganhariam mais do que no comunismo – esse é o grande argumento da direita. Entretanto, é preciso cuidado ao realizar ambas as críticas. Criticar o comunismo pelos erros cometidos na prática e defender o liberalismo apenas na teoria. E vice-versa. Ou bem se compara ideal com ideal, teoria com teoria, ou então prática com prática, realidade com realidade.[5]

Dito isso, uma forma menos ideológica de comparar direita e esquerda é: a direita valoriza a competição, entendendo-a como decisiva para melhorar a economia e, portanto, a sociedade. Se há competição, produtos e serviços melhoram, ficam mais baratos, e a vida das pessoas também melhora. Já a esquerda valoriza a cooperação. A competição levada ao extremo pode se tornar predatória. Há situações em que a cooperação é de fato necessária. Uma educação muito competitiva cria cidadãos incapazes de trabalhar em conjunto. Pode-se almejar o equilíbrio entre cooperação e competição. Grande parte dos regimes políticos bem-sucedidos ocorre em sociedades nas quais competição e colaboração se equilibram. Por exemplo, a Europa Ocidental e o Canadá são casos excelentes de políticas sociais robustas em educação, saúde, cultura e ciência, ao mesmo tempo que constituem sociedades capitalistas avançadas e competitivas.

Esquerda e direita não são totalmente antagônicas, portanto. Um bom governo precisa ter elementos de eficiência econômica e de investimento social. Não é possível renunciar a nenhum dos dois. Ambos são necessários para o progresso da sociedade. Sem Produto Interno Bruto (PIB) forte, não há política social. Sem política social, o PIB forte é acompanhado de conturbação, conflitos e violência.

ACA: Concordo. Inclusive, direita e esquerda são mais próximas do que pode parecer. Algo comum no discurso da direita é a ideia de que os indivíduos são oprimidos pelo Estado, particularmente pelos altos impostos. Ao mesmo tempo, a esquerda reproduz a ideia de que a opressão é exercida pelos ricos contra os pobres; ou seja, não é o Estado que oprime, mas uma classe em particular. De uma maneira ou de outra, direita e esquerda lutam contra algum tipo de opressão, enxergando opressores diferentes.[6]

RJR: Aliás, a noção do que é esquerda e direita varia em cada país. O que é direita no Brasil não é na Alemanha. Aliás, a direita alemã, representada durante longos anos por Angela Merkel, está "à esquerda" dos que se dizem de centro no Brasil! Isso porque, lá, as políticas sociais se enraizaram na sociedade. O que é esquerda na Alemanha não é esquerda no Brasil. Há muitas complexidades inerentes à conjuntura de cada região. Falaremos adiante de comunismo, fascismo e social-democracia, e essas complexidades vão aparecer. O importante até aqui foi demarcar o antagonismo entre direita e esquerda, mostrando como ele surge; apontar suas proximidades e divergências e, principalmente, afirmar de que se trata, sempre, de uma percepção: direita e esquerda se referem mais ao lugar de onde se observa do que a ideologias políticas em si.[7]

Uma palavra, ainda, sobre o centro. No Brasil, porque tivemos uma longa ditadura de direita – na verdade, mais do que uma, porque o longo governo não eleito de Getúlio Vargas também foi direitista –, a direita prefere se autodenominar de centro. Fica difícil, então, entender o que seria o centro. De modo geral, mundo afora, "centro" é uma combinação de políticas sociais mais para a esquerda e de política econômica mais à direita. Porém, na Europa, essa combinação é defendida até pelos partidos de direita. De qualquer modo, sem política social intensa, não há centro.

7.
Partidos políticos

ALBERTO CARLOS ALMEIDA: O tempo passa, o mundo muda, mas a política continua sendo feita por intermédio dos partidos políticos. Os partidos já existiam quando ainda não havia carros motorizados, quando não existia o avião. Nunca entraram em desuso, nunca se tornaram obsoletos. Há quem fale em democracia participativa direta, em modernizar a democracia, com as pessoas votando de maneira contínua em candidatos, plebiscitos, políticas públicas etc, mas isso não acontece. Por quê? Por que os partidos existem e são tão permanentes? A verdade é que até hoje não se praticou outra maneira de conectar o desejo da população às políticas públicas.

RENATO JANINE RIBEIRO: Vamos falar um pouco de história? A palavra "partido" vem de "parte". Os partidos existem justamente porque a sociedade é partida, dividida. Surgem no século XVII, na Inglaterra, após as primeiras campanhas eleitorais.

No ano de 1640, o rei Carlos I, após governar ao longo de onze anos de maneira autoritária, na hora em que precisa de recursos para arcar com os custos de uma guerra contra os escoceses, finalmente convoca um Parlamento. O Parlamento condiciona a doação de dinheiro ao fim das arbitrariedades; o rei não aceita e o dissolve em apenas três semanas. Meses depois, a crise apenas se agravou, e o rei convoca outro Parlamento, que vai durar até 1660. Para essa eleição, John Pym (1584-1643) viaja por toda a Inglaterra, de distrito em distrito, para reunir candidatos dispostos a enfrentar o despotismo régio. Foi a primeira campanha eleitoral de que há notícia, com a constituição de uma espécie de partido informal.

Mais adiante, em 1679, surge uma polêmica porque o rei Carlos II, que só tem filhos ilegítimos, deve ter por herdeiro o irmão, Jaime II, católico. Porém, como sabemos, a religião oficial na Inglaterra é a anglicana, protestante. A situação provoca uma divergência de caráter não apenas religioso, mas político: ser católico implica opções políticas mais conservadoras do que as anglicanas. Nesse contexto, surge um grupo – os *Whigs* (liberais) – que defende a exclusão de Jaime II da sucessão ao trono; também surge um grupo opositor – os *Tories* (conservadores) –, que apoia a sucessão legítima, mesmo com um rei católico.[1] Assim nascem os dois primeiros partidos formalmente constituídos a partir de uma divergência de ordem religiosa, mas sobretudo política.

Só para completar a história: Jaime II é tão estúpido que perde logo o apoio da alta nobreza, protestante sim, mas conservadora e legitimista. Sucede então a Revolução Gloriosa (1688), que, diferentemente da de 1640, é apenas um golpe militar, sem guerra civil, levado a cabo pelas classes dominantes. Mas os dois partidos subsistem; os Tories ainda existem hoje, com o nome de Partido Conservador, enquanto os Whigs, depois conhecidos como Liberais, perderam o protagonismo em favor do Labour, o Partido Trabalhista.

No século XVIII, dois autores vão ser importantes neste tema: Jean-Jacques Rousseau (1712-1778) defenderá uma política democrática e sem facções, palavra pejorativa para "partidos". Rousseau sugere a criação de assembleias públicas nas quais os cidadãos se reuniriam para decidir os rumos da sociedade. Fora delas, ninguém poderia discutir política. Discutir política fora do ambiente público determinado seria como criar uma facção. Ora, os partidos desagregariam o tecido social.

ACA: David Hume (1711-1776), contemporâneo de Rousseau e contrário à sua visão, define três condições necessárias para a formação de um partido: afeto, interesses comuns e princípios abstratos.

No Brasil, o PT se sustenta no interesse comum de uma sociedade feita essencialmente de trabalhadores, no princípio abstrato de uma sociedade cooperativa e numa rede partidária de afetos e sociabilidades; o PSDB se sustentou no interesse comum de uma sociedade com vida empresarial pujante, no princípio abstrato do livre mercado e, também, numa rede partidária de afetos e sociabilidades.[2] Em todos os casos, o conceito de partido está ligado à ideia de uma democracia competitiva em que grupos políticos definidos disputam os votos da população e o direito de implementarem, na sociedade, as políticas públicas em que acreditam. Nesse sentido, parte-se do pressuposto de que divergências são legítimas. Ou seja, os partidos representam justamente as diferentes opiniões de uma sociedade dividida. Por isso mesmo, em uma democracia, o princípio da legitimidade é fundamental – não há democracia sem divergências, tampouco sem legitimidade dos contrários. O partido que perde uma eleição legítima em democracias sólidas como as europeias, por exemplo, reconhece a derrota e trabalha para vencer na eleição seguinte. No Brasil, ainda há dificuldade de se aceitar bem as divergências, e o costume de tentar deslegitimar o lado contrário. Em regimes democráticos, a divisão da sociedade não apenas existe como é saudável. Por quais razões, portanto, no Brasil, temos dificuldade de reconhecer as divergências e a importância dos partidos?

A grande maioria dos países democráticos tem quatro partidos efetivos, no máximo.[3] Muitos países têm apenas dois. Em 2021, o Brasil era o país que tinha o maior número de partidos efetivos, dezesseis. Em segundo lugar estavam Bósnia-Herzegovina, Indonésia e Holanda, com nove partidos efetivos cada um. Os demais países tinham todos menos de seis partidos efetivos. Quando se olha a conjuntura brasileira, é difícil perceber a importância dos partidos, porque são muitos. Por isso, são considerados mais como legendas de aluguel, feudos de políticos que os presidem há mais de trinta anos e balcão de negócios do que grandes articuladores da representação política. Todo partido grande é depósito de um saber prático, com uma visão de mundo compartilhada, uma memória do conhecimento acumulado ao longo de sua trajetória, características que o tornam absolutamente relevante para o desenvolvimento da sociedade democrática. Os partidos organizam a conquista e o exercício do poder.

RJR: Sim, e entre as democracias no mundo, o Brasil talvez seja o país que tenha a legislação que mais monopoliza a representação política para filiados a partidos. O exercício do poder, aqui, está 100% restrito aos partidos. Por exemplo, não há abertura para a possibilidade de uma candidatura independente, como existe em outros países democráticos. Na França, por exemplo, Emmanuel Macron, em 2017, criou um grupo chamado Em Marcha!, com as iniciais de seu nome, que concorre, vence e conquista a maioria do Parlamento. Algo impensável na tradição brasileira. O Brasil tem uma legislação eleitoral muito detalhada, que dá o monopólio da política aos partidos.

Entretanto, temos um sério problema de representação política. Com exceção dos partidos maiores, como PT, PSDB e DEM, e dos partidos menores, mas muito associados a princípios éticos, como a Rede Sustentabilidade, ou políticos, como o Partido Comunista do Brasil (PCdoB), os partidos em geral funcionam como propriedades de personalidades políticas que utilizam o sistema partidário para favorecer interesses pessoais, com comissões executivas provisórias, por exemplo. São partidos não associados a uma base da sociedade, que não representam de fato ninguém, a não ser interesses subjetivos dos próprios políticos.[4] É algo que não acontece em democracias estabelecidas, onde os partidos estão historicamente associados a uma determinada base social. No Brasil, o interesse pessoal e o clientelismo são tão fortes que boa parte dos partidos acaba não representando efetivamente a sociedade. Essa característica colabora para acentuar a atual crise de representatividade – que, porém, não é um problema apenas brasileiro, mas global.

ACA: Acerca desse ponto, sobre partidos funcionarem como propriedades de determinadas personalidades políticas, você poderia falar um pouco sobre as comissões executivas provisórias? Trata-se de uma prática utilizada justamente para manter o partido sob propriedade de alguém, certo?

RJR: Sim, e é muito simples de entender. Há partidos em que, se alguém diverge de seu presidente, simplesmente é destituído e pronto. Um diretório municipal que defenda uma candidatura contrária aos interesses da direção nacional, por exemplo, é destituído e substituído por uma comissão executiva provisória. É um mecanismo infelizmente muito utilizado que desfavorece a consolidação de uma vida política partidária. Por que alguém se filiaria a um partido que adota esta prática? Não há razão se o cidadão, na prática, não encontra, no partido, espaço para democraticamente interferir em seus rumos. Talvez a legislação precise mudar, para coibir esse controle pessoal sobre os partidos.

ACA: O próprio nome "comissão executiva provisória" é errado porque não tem nada de provisório nisso. Há quem faça uso desse recurso desde sempre, um instrumento usado de maneira permanente para exercer o controle do partido. Não à toa, aqui no Brasil, há pessoas que presidem seus partidos por vinte, trinta anos, que continuam no poder apesar de o partido só perder e diminuir de tamanho. Algo inimaginável não apenas na vida pública de outros países, como também no setor privado.

Isso significa que muitos dos nossos partidos não têm vida partidária. Por quê? Quando há uma divergência no partido, aquele que perde a divergência simplesmente pula fora ou funda um partido para chamar de seu. Em países com poucos partidos, não há para onde correr, as divergências precisam ser resolvidas no âmbito interno da vida partidária. Se o Brasil vier a reduzir o número de partidos, veremos menos donos de partidos e mais divergências internas.

RJR: Mas não sei em que medida a legislação poderia ajudar. Acredito que a legislação melhoraria muito se proibisse a existência da comissão executiva provisória, por exemplo. Mas o descompromisso de alguns partidos com o Estado é muito grave. Insisto em um ponto: o caminho para melhorar a política é a educação política – os partidos deveriam ter a educação política como sua tarefa principal. Nas campanhas eleitorais, por vezes a Justiça Eleitoral tenta cumprir esse papel, mas costuma dizer platitudes, como, por exemplo, que o eleitor é o patrão e o candidato, ou mesmo o candidato eleito, seu funcionário. Qualquer um sabe que isso não é verdade! O candidato eleito se desvencilha, bem rápido, de suas promessas e compromissos com o eleitor. Melhor seria se os próprios partidos formassem quadros, militantes, eleitores, de modo que eles realmente defendam seus projetos.

8.

Social-democracia

ALBERTO CARLOS ALMEIDA: O que é a social-democracia? Eu diria que o mundo como nós conhecemos não seria o mesmo sem ela.

RENATO JANINE RIBEIRO: Sim. E vamos falar um pouco sobre como ela surge? Na segunda metade do século XIX, formam-se partidos socialistas, ou social-democratas, em vários países desenvolvidos. São partidos que agregam apoio, majoritariamente formado por trabalhadores da indústria. Naquele período, estava em curso uma grande migração social do campo para a cidade. Se os camponeses trabalhavam isolados, com pouca sociabilidade, já nas cidades o trabalho era coletivo, e os trabalhadores conviviam entre si. Tal cenário favorece o surgimento de movimentos trabalhistas inspirados nos ideais anticapitalistas, tendo como grande pensador Karl Marx (1818-1883).[1]

Assim, antes de mais nada, não há social-democracia sem sindicatos fortes – é sua base: sindicatos e trabalhadores industriais. Acreditava-se que a migração do trabalho do campo para a cidade aumentaria o número de trabalhadores operários – como de fato aconteceu – e favoreceria a organização política desses trabalhadores que, uma vez organizados, poderiam chegar ao poder pelo voto. O objetivo seria acabar com o capitalismo e introduzir a propriedade social e não privada nos meios de produção. Veja bem, não se trata de perder a propriedade de sua casa, do seu sapato, dos seus livros, da sua bicicleta. Trata-se dos meios de produção. Ou seja, as empresas seriam transformadas em propriedades sociais. Mas a grande questão naquela época era: tais objetivos serão alcançados pelo voto? Ou por uma grande greve geral? Outra questão muito importante era o internacionalismo: o trabalhador francês teria mais em comum com o trabalhador alemão ou com o empresário francês?

No começo do século XX, quando a Primeira Guerra Mundial (1914-1918) se anunciava, o caráter internacionalista foi muito relevante. A social-democracia racha: os comunistas surgem como uma minoria dentro dos partidos social-democratas, a qual mantém o ideal de o trabalhador não fazer guerra ao trabalhador estrangeiro pelos interesses dos respectivos patrões. Mas a grande maioria dos social-democratas acaba cedendo à pregação nacionalista de união nacional contra o suposto inimigo. A guerra ocorre. Somente num país, a Rússia, o maior partido socialista se nega a entrar em guerra. Isso é muito importante. O líder do relativamente pequeno Partido Operário Social-Democrata da Rússia, Vladimir Ilyich Ulianov (1870-1924), mais conhecido como Lênin, exilado na Suíça, se une a dissidentes de outros partidos socialistas também opostos à guerra. Dois anos e meio depois, em 1917, a Rússia entra em falência, não consegue mais lutar, ocorrem deserções em massa, o czar é derrubado e o país entra em convulsão. Os conflitos que se seguiram culminaram na Revolução Russa (1917), conhecida também como Revolução Bolchevique, sendo a primeira revolução comunista a triunfar no mundo, e Lênin chega ao poder. Isso vai causar um impacto enorme sobre o restante da Europa. Com a Revolução Russa, ganha corpo a ideia de que as transformações e o desejado fim do capitalismo podem ser alcançados através de uma revolta armada – não pelo voto, não por uma greve geral, como os socialistas esperavam. A partir daí, a social-democracia e o comunismo não vão mais se entender. Trataremos do comunismo mais adiante.

Sobre a social-democracia, cabe ressaltar: esta breve síntese demonstra que, embora nasça dentro dos mesmos movimentos trabalhistas que o comunismo, o apoio da social-democracia à Primeira Guerra e a conjuntura daquele período foram determinantes para guiá-la em uma direção distinta. Tanto é assim que raramente comunistas e social-democratas vão se unir. Ao longo da história, social-democratas e socialistas vão se juntar mais à direita do que aos comunistas. O grande ponto de divisão entre os dois será que socialistas e social-democratas defendem a continuidade do capitalismo com intensas concessões sociais, enquanto comunistas defendem o fim do capitalismo e a implementação de uma sociedade na qual as empresas seriam transformadas em propriedades sociais.

A social-democracia, embora defenda a continuidade do capitalismo, luta por melhorias na saúde, na educação e nos direitos trabalhistas, enfim, por um Estado de bem-estar social, ainda que capitalista. Por isso, Alberto afirmou que o mundo não seria o mesmo sem a social-democracia. Porque muito do que se conquistou até hoje, em termos de direitos trabalhistas e dignidade social, deve-se a governos social-democratas que implementaram políticas públicas de avanços sociais, no sentido de garantir a todo ser humano o mínimo de decência e dignidade. O bem-estar social europeu, por exemplo, deve-se em parte à social-democracia. E não esqueçamos: essas conquistas se deram, em boa parte, porque o capitalismo temia o comunismo e entendeu que era preferível sacrificar alguns anéis do que perder os dedos.

Já no Brasil, e em países mais pobres como o nosso, a social-democracia não foi bem-sucedida como na Europa, porque partimos de um patamar de pobreza maior, de insuficiência educacional grande e, às vezes, da falta de sindicatos. Não há como ter uma social-democracia sem sindicatos fortes. É o que ocorre com o Partido da Social Democracia Brasileira (PSDB) que, apesar de ter sido fundado com a melhor das intenções, não teve, não tem e não terá uma base sindical forte. E, justamente pela ausência de sindicatos nas fileiras do partido, é um partido mais conservador, ou liberal, não é progressista ou social-democrata como os partidos europeus. Na verdade, a social-democracia, no Brasil, existiu e existe com o PT, que fez políticas de inclusão social, fortalecimento da saúde pública e da educação – embora em convergência com outros partidos, incluindo o PSDB no caso do ensino básico.

ACA: Um bom livro para a compreensão desse tema é *Capitalismo e social-democracia*, de Adam Przeworski.[2] Ele traz como exemplo o governo do primeiro-ministro Léon Blum (1872-1950), na França, que tenta tornar o país socialista pelas vias institucionais. Ocorre que os investidores, os detentores do controle do capital, deixam o país, e há uma queda significativa do bem-estar social francês. Przeworski defende que a experiência de Blum na França foi decisiva para os rumos da esquerda no mundo, inclusive para a social-democracia.

RJR: Sim, o ano de 1936 – quando Blum assume como primeiro-ministro da França – foi decisivo na história francesa, quando a Frente Popular, liderada por Blum, introduziu no país as férias pagas. Até então, o trabalhador que tirasse férias não recebia salário. Imaginem o que é passar trinta, quarenta anos trabalhando sem descanso. Porém, ao mesmo tempo, a Frente Popular teve dificuldade com os detentores do controle do capital, conforme Alberto mencionou. A economia francesa ficou mal das pernas porque passou a ter mais custos e menos entrada de recursos com a deserção de capital. Outro agravante que dificultou o governo de Blum veio da política externa, considerando que os três principais vizinhos da França àquela altura eram governados pela extrema direita: Alemanha por Hitler; Itália por Mussolini; e Espanha por Franco. Em resumo, a Frente Popular não deu certo, mas deixou uma memória positiva, e inspirou medidas social-democratas que depois vão se espalhar por boa parte da Europa.

Em resumo, pode-se afirmar que a social-democracia formatou o mundo entre as décadas de 1945 a 1970, quando mesmo quem não era social-democrata precisou seguir políticas social-democratas. De 1980 até agora, o neoliberalismo assumiu, em certa medida, o papel de formatar as sociedades, quando mesmo quem é trabalhista ou social-democrata acaba adotando políticas neoliberais.

Aliás, pode parecer um detalhe, mas Winston Churchill, que era do Partido Conservador, conta em suas memórias que, durante a Segunda Guerra Mundial, ele percebeu que as vítimas dos bombardeios nazistas não teriam como pagar sozinhas a recuperação de suas casas destruídas. Decidiu então socializar o prejuízo. Esse é o espírito, por exemplo, da saúde pública, que seria implementada no Reino Unido logo após a guerra, no governo trabalhista, e que constitui ainda hoje um exemplo para o mundo. O nosso Sistema Único de Saúde, o SUS, se inspira nela.

ACA: Sim, e outra coisa interessante de perceber na evolução da social-democracia tem a ver com aquele momento que você descreveu, Renato, quando a esquerda, em princípios do século XX, precisou se questionar: vamos participar das eleições ou não? Os trabalhadores entraram na política com o objetivo de acabar com o capitalismo. Mas a questão do voto foi decisiva. Quando escolhem participar das eleições, gradativamente, perdem – ou diminui – a identidade com aquela base até então homogênea, formada por trabalhadores e operários. Por quê? Porque quando se participa das eleições, se deseja a maioria. Somente os votos de trabalhadores e operários não são suficientes. O discurso passa a ser mais amplo e abrangente. Isso aconteceu aqui, como também na Europa. Basta rever as primeiras campanhas do PT, quando os slogans eram do tipo "Trabalhador vota em trabalhador", mais fechado, e depois passou a ser "Sem medo de ser feliz", mais abrangente.

A decisão de participar das eleições, portanto, obriga socialistas, comunistas e social-democratas da Europa Ocidental a renunciarem à derrota do capitalismo. A medida é fundamental porque abre caminho para a social-democracia e para o crescimento de uma esquerda progressista que deseja conciliar capitalismo e bem-estar social. Como a conciliação ocorre? Com tributação. A social-democracia taxa a atividade empresarial e utiliza o recurso proveniente para conduzir políticas públicas sociais. Isso ocorre inclusive em países que são símbolos do capitalismo, como Reino Unido, onde há políticas sociais, por exemplo, comparáveis ao nosso Bolsa Família.

Por mais que o neoliberalismo tenha diminuído o ritmo de crescimento dessas políticas e da transferência de renda para os mais pobres, a estrutura social montada no período de predomínio da social-democracia sobrevive até hoje: escola pública, saúde pública, férias pagas são heranças social-democratas conquistadas a partir de um acordo, da conciliação entre esquerda e direita. Os social-democratas aceitaram conviver com o capitalismo em troca de taxações que pudessem proporcionar investimentos na melhoria de vida da população. Tal conciliação nasce de um acordo informal entre esquerda e direita, estruturado ao longo do século XX, e sobre o qual está assentada a democracia liberal: manter o capitalismo, aperfeiçoando-o em função dos interesses dos mais pobres.

RJR: Exatamente. E trazendo a discussão um pouco mais para os nossos dias, há dois pontos que gostaria de acrescentar: primeiro, a mudança de perfil do trabalhador, que não é mais do campo e sequer da indústria: cresceu o terceiro setor, de serviços, que reconfigurou não apenas a forma de trabalho, mas também a relação entre trabalhadores e patrões. O segundo ponto que vale a pena ser observado é uma previsão errada de Marx. Embora seu livro *O capital* continue relevante, ele previu que o capitalismo sucumbiria às crises, que não daria conta de continuar com o crescimento produtivo. Mas o capitalismo se mostrou muito mais vivo do que Marx pensava, capaz de enfrentar crises e de assimilar os conflitos. No decorrer do último século, houve inclusão social? Sim. E a social-democracia exemplifica bem isso. Mas não houve inclusão pela destruição do empresariado, embora os conflitos entre trabalho e capital tenham sido ásperos. Na verdade, foi justamente a luta dos trabalhadores, inclusive os comunistas, que civilizou o capitalismo, que domesticou pelo menos em parte seu caráter predatório. A social-democracia soube perceber isso, que não haveria o fracasso inevitável do capitalismo, conforme Marx previra, e conquistou melhoras sociais significativas a partir da conciliação entre classes.

ACA: Sim. Com isso, os Estados cresceram e saíram de uma estrutura pequena, digamos, basicamente formados por Judiciário e aparato militar, e se tornaram os maiores investidores de suas sociedades. A diferença é que, quando a direita chega ao poder, ela usa recursos provenientes de taxação para aumentar o gasto público com investimentos em infraestrutura, construção de rodovias, estradas, melhoria de portos e aeroportos, tudo que é voltado ao desenvolvimento econômico; e a esquerda, quando chega ao poder, aumenta o gasto público com tudo que é voltado ao desenvolvimento social.

RJR: Mas um governo inteligente não sacrifica nenhum dos lados, porque país algum se desenvolve economicamente sem se desenvolver socialmente. E vice-versa.

9.
Comunismo

ALBERTO CARLOS ALMEIDA: O comunismo é um regime político que, em população, chegou a dominar quase metade do mundo – considerando China e as diversas Repúblicas anexadas à União Soviética.

RENATO JANINE RIBEIRO: O comunismo é incluído, por muitos, no conjunto dos regimes totalitários, junto com o fascismo e o nazismo.

ACA: E sobre essa perspectiva, há um livro fundamental, do historiador francês François Furet, *O passado de uma ilusão*.[1]

RJR: Furet escolheu esse título em referência a *O futuro de uma ilusão*,[2] de Sigmund Freud (1856-1939), o criador da psicanálise. Basicamente, Furet sustenta que o comunismo não passou de uma ilusão. Porém, embora haja pontos em comum entre comunismo e fascismo – principalmente o fato de ambos pretenderem controlar a vida social –, é necessário esclarecer que eles compreendem polos opostos, antagônicos: comunismo à extrema esquerda e fascismo à extrema direita.

Norberto Bobbio, quando fala de política, afirma que os extremos não prezam a liberdade. Ou seja, tanto a direita quanto a esquerda prezam a liberdade (enquanto a direita quer liberdade de iniciativa e não acredita ou não quer a igualdade, a esquerda quer liberdade e igualdade), mas seus polos extremos tendem igualmente ao totalitarismo. Os extremos, ao controlarem todos os aspectos da vida em sociedade, reduzem liberdades. E não à toa esses regimes tendem a entrar em colapso. Porque é muito caro, gasta-se muito recurso e energia para controlar a sociedade.

ACA: Com certeza. Inclusive, à época da queda do Muro de Berlim, quando estava fazendo o mestrado, um de meus professores, claramente favorável ao bloco soviético, chegou a afirmar que o bloco comunista ruiu por causa dos muitos recursos despendidos para o controle da sociedade. Ele defendeu que se os recursos tivessem sido direcionados para outras necessidades da sociedade, talvez o bloco soviético tivesse permanecido.

RJR: Boa observação, Alberto. Sinalizada, portanto, a aproximação entre comunismo e fascismo, e ressaltado o quanto esses regimes totalitários são custosos, também precisamos demarcar suas diferenças.

Sobre o totalitarismo, penso que a grande referência seja *As origens do totalitarismo,* da filósofa Hannah Arendt (1906-1975). Mas talvez o melhor resumo dos regimes totalitários esteja na frase de Mussolini: "Nada contra o Estado, nada acima do Estado, nada fora do Estado." A primeira parte não traz tanto problema, a segunda mais ou menos (porque, para um indivíduo de forte convicção religiosa, a salvação de sua alma pode estar acima de seus deveres cidadãos, e não haverá problema maior nisso, desde que não use sua fé contra o Estado e a sociedade), mas a terceira é assustadora. O totalitarismo inclui, assim, a ideia de um controle pleno da vida social.

Mas, diferentemente do senso comum que descrevi inicialmente, não dá para colocar fascismo e comunismo no mesmo pacote – o caráter totalitário de ambos não é suficiente para torná-los equivalentes. Começando por uma distinção básica: a relação entre teoria e prática.

O comunismo se inspira em uma teoria, a de Karl Marx, que é cientificamente relevante. Marx foi um dos grandes cientistas sociais da história, um dos grandes analistas do capitalismo. Sua filosofia, embora date de mais de um século, ainda ajuda a compreender os conflitos da sociedade. Sua tese essencial é que a classe dominante se apropria do excedente produzido pela sociedade; ou seja, que a sociedade está dividida em classes antagônicas. E a exploração da classe dominada concentra riquezas nas mãos de poucos. Essa ideia é muito importante porque, de fato, a sociedade se organiza assim há muito tempo – da Antiguidade ao século XXI. Marx falhou, talvez, na previsão de que o capitalismo colapsaria.[3] O que não apaga a relevância científica da teoria marxista – uma teoria generosa, no sentido de que procura meios para proporcionar igualdade de riqueza, e com base científica. O problema, no marxismo, é que há um abismo entre a teoria e a prática.

O grande problema é que essa teoria generosa, na aplicação prática, levou a regimes que são o contrário exato da doutrina. Marx defendia a liberdade, as ditaduras comunistas foram opressoras. Ele queria acabar com o Estado, elas o reforçaram. Ele não gostava da polícia, elas foram regimes extremamente militarizados.

Já no caso do fascismo, entre doutrina e prática há continuidade. Entretanto, a doutrina fascista (que não é uma teoria porque não tem qualidade científica) é baseada em ódio e na afirmação de uma raça superior;[4] não é baseada em uma teoria científica, como o comunismo. Como ele surge? O fascismo aparece num contexto de profunda falta de perspectivas na Europa pós-Primeira Guerra Mundial. Em resumo, uma sociedade desesperançada decidiu procurar soluções para os seus problemas a partir do ódio, culpabilizando todo aquele que considerava "outro".

Feita a distinção de cunho teórico, que separa absolutamente o comunismo do fascismo, podemos pensar sobre o comunismo em comparação ao capitalismo.

A sociedade capitalista é uma sociedade de mercado. Ou seja, os preços são fixados basicamente pela relação entre oferta e procura. Na sociedade comunista, o planejamento econômico do Estado interfere inclusive na precificação de produtos. Esse é o princípio básico que os distingue e que acaba por atravessar diferentes aspectos da vida social. Embora as relações de consumo, no capitalismo, passem por alguma regulação do Estado, elas são majoritariamente determinadas pela oferta e procura. No comunismo, as relações de consumo são exclusivamente definidas pelo Estado. Ou seja, o Estado determina prioridades, subsídios e todos os aspectos que envolvem a produção dos setores econômicos da sociedade. Na União Soviética (1922-1991), por exemplo, o preço dos produtos era o mesmo em qualquer parte de seu território (um território horizontalmente enorme, com diversos fusos horários); para comprar um carro, era necessário entrar numa fila que poderia demorar até dezoito anos.

ACA: Sim, justamente por isso, quando um filho nascia, algumas famílias criaram o costume de entrar na fila por um carro. Assim, ele teria um carro quando chegasse à maioridade. Algo inimaginável no sistema capitalista.

RJR: Mal comparando, há um paralelo com o Brasil, quando uma família rica matricula o filho – ainda em gestação na barriga materna – em uma escola particular muito disputada para garantir a vaga.

Outro problema no sistema comunista é que havia a convicção de que uma sociedade formada por indivíduos desprovidos de ganância – indivíduos independentes de estímulos materiais, e sim de estímulos morais para se realizarem – estava em construção. O que não aconteceu. Materialmente pobres, era ainda preciso aparentar tal sentimento de realização. Ou seja, era preciso mentir. A sociedade ficou tão atravessada pela mentira que, após a derrubada do Muro de Berlim, muitos contaram de seu alívio ao viverem agora num regime em que não precisavam mais mentir acerca de todos os aspectos da vida.

Vejam que Marx defendia o fim da propriedade privada, não o estabelecimento de uma sociedade baseada em propriedade estatal, onde os cidadãos precisassem se submeter, inclusive, a mentiras. Pelo contrário, Marx pregou o fim do Estado – do Estado entendido como magistratura, polícia e exército. Esse é outro ponto da teoria marxista que as experiências comunistas realizadas não adotaram. Na prática, a União Soviética fortaleceu cada vez mais os setores ligados à repressão. Na prática, a experiência comunista soviética fez o contrário do que era defendido pela teoria de Marx. Aboliu a propriedade privada para construir uma sociedade baseada em propriedade estatal.

Geralmente, justifica-se a medida afirmando que é necessário, em primeiro lugar, fortalecer o Estado para vencer a luta de classes (ou seja, em um primeiro momento, o estabelecimento de uma sociedade comunista intensifica a luta entre as classes e o Estado precisa ser fortalecido para vencê-la). O fato é que a teoria marxista resultou na prática em experiências absolutamente distintas do que defendia – a abolição da propriedade privada e a socialização dos meios de produção – na verdade, fortaleceu o Estado e transformou-o em dono dos meios de produção.

Infelizmente, esse aspecto não é discutido o suficiente. A crítica oferecida por defensores do capitalismo é, em geral, que o comunismo foi uma tentativa utópica de se praticar o impossível.

ACA: Mas, pensando apenas na economia, uma questão que se coloca é: como planejar e controlar a economia senão pelo Estado?

RJR: É um problema sério. Como tornar realidade a propriedade social dos meios de produção? A ideia marxista de abolição do Estado supunha que o planeta se tornasse um único Estado, que o mundo fosse formado por uma única sociedade sem fronteiras, substituindo a tarefa de governar os homens pela de administrar as coisas, conforme escreveu Saint-Simon (1760-1825), teórico francês que precedeu Marx. Entretanto, como administrar as coisas sem controlar as pessoas? É o desafio. Como estabelecer formas de administrar a produção sem acarretar no controle da sociedade? Porque o planejador vai ter bastante poder. Outro ponto: como diluir o Estado? Na prática, as sociedades são divididas. Não há um único Estado sem fronteiras. Ou seja, enquanto há comunismo em um certo país, ele pode sofrer ataques de outro. Foi o que aconteceu com Cuba. A Central Intelligence Agency (CIA) tentou de todos as formas possíveis derrubar o então presidente Fidel Castro (1926-2016). Conflitos externos acabam sendo utilizados para justificar o fortalecimento do Estado, de seu aparato militar e do controle sobre todos os planos da vida social. O que é frontalmente contrário à teoria marxista.

No fim das contas, o conjunto dessas circunstâncias provocou a ruína das experiências comunistas, que tomaram decisões empobrecedoras para a economia de suas sociedades.

ACA: Todo país que transfere o trabalho do campo para a indústria tende a enriquecer nesse momento, porque o valor agregado aumenta significativamente: uma economia com bens industriais tem maior valor agregado que uma economia fortemente baseada no campo. Isso aconteceu na União Soviética, na China, e no Brasil da ditadura militar. O crescimento econômico provocado pela transferência de mão de obra foi compreendido como resultado do regime político vigente: o comunismo na União Soviética e na China ou a ditatura militar no Brasil. Errado. Os dois regimes falharam economicamente.

Outro aspecto sobre o comunismo que vale a pena ressaltar é que, diferentemente do que muitos acreditam, há eleições. Mas não há disputa partidária, como nas democracias liberais. O país é governado por um partido único. A educação nas escolas tem o propósito de transformar a sociedade, ensinando as crianças e os jovens a serem cidadãos comunistas, desprovidos de avareza e ganância capitalistas. Nas ruas, o Estado reprime quem não está adequado à ideologia do sistema. Tudo é pensado para favorecer a permanência do poder vigente. Não há espaço para propostas alternativas de governo.

Mas há ainda outro ponto que considero relevante comentar, Renato.

Você chamou a atenção para o caráter de "generosidade" na teoria marxista; e tal caráter tem relação direta com um certo messianismo presente na educação judaica que Marx recebeu. Talvez, a dificuldade de implementação do comunismo venha daí: da dependência de algum ou alguns Messias. Mal comparando, é como se o comunismo pregasse a existência de um mundo ideal sem levar em consideração como ele de fato é; e como se tal mundo ideal dependesse de personalidades iluminadas, evoluídas, para dar certo, apesar de sua quase impossibilidade de existir. Na União Soviética, só aqueles iluminados liderados por Lênin – que leram Marx, que faziam parte do Partido Comunista e que tiveram acesso àquele saber – levariam a sociedade a realizar a utopia comunista. Não levaram.

Há mais um problema: a impossibilidade de trocar o governo. Toda relação humana é mediada pela existência de dois atores: o "agente" e o "principal". Nas democracias liberais, por exemplo, o eleitorado é o principal e os políticos são os agentes. Se o principal não está satisfeito com o agente, ele é substituído. Se o empregador, o principal nesse caso, não está satisfeito com o empregado, o agente, ele o demite e contrata outro. Na sociedade comunista não há demissão de trabalhadores, não há troca de governo. A sociedade não detém os instrumentos para trocar um governante que porventura esteja piorando a sua vida.[5]

RJR: Sobre o caráter utópico do comunismo que você ressaltou, não sei se me convenço completamente. Quanto à questão de a natureza humana ser contrária à generosidade pretendida pelo comunismo, tenho sérias dúvidas, porque a natureza humana muda conforme o tempo. Curiosamente, algumas elites, hoje, procuram colocar os filhos em escolas com pedagogias mais generosas, mais favoráveis a práticas colaborativas e menos favoráveis ao espírito de competição. No que isso vai resultar? Não sei. Mas os homens mudam. E as conjunturas também. De qualquer maneira, por enquanto, o comunismo está mais no passado do que no presente. Mas, quando se vê a ênfase atual dos educadores na importância da empatia, percebe-se que o ideal da cooperação está crescendo.

10.

Fascismo

ALBERTO CARLOS ALMEIDA: O fascismo é um tema atualmente em evidência, especialmente a partir do período de presidência de Donald Trump (2017-2021), do Partido Republicano, nos Estados Unidos e de Jair Bolsonaro (2019-2022), eleito pelo Partido Social Liberal (PSL) no Brasil. Mas o que é o fascismo do ponto de vista histórico?

RENATO JANINE RIBEIRO: Fascismo é um regime político, mas também é um partido. Há o fascismo como regime político, que se implanta na Itália em 1922, na Alemanha em 1933 e em vários outros países da Europa, sobretudo na Europa Oriental. Mas pode-se falar também em movimentos fascistas, presentes inclusive nesses países e em outros até hoje. Mas será que qualquer movimento de extrema direita é fascista?

Fascismo, com "sc", vem da palavra italiana *fascio*, que significa feixe de varas. O símbolo do qual Mussolini[1] se apropria e que acaba por nomear o seu regime consistia em um tipo de machado revestido por um feixe de varas de madeira. O fundamento desse símbolo é a ideia de que a união faz a força. Tal qual o machado reforçado pelas varas de madeira, o regime político, reforçado pela união do povo, estaria fortalecido.

Embora nem todo regime totalitário seja formado por um único partido, o fascismo é um regime nacionalista de partido único – como a Itália de Mussolini e a Alemanha de Hitler. O partido encarna a sociedade. E existe a partir da ideia de união nacional ou étnica. Todo regime fascista é intensamente nacionalista. E pregará a exclusão de quem não se enquadra na visão de pureza daquele país ou etnia. Um judeu, mesmo nascido na Alemanha, era considerado um alemão impuro. Esse é o fundamento assustador que servirá de base para o Holocausto.

O nacionalismo extremo, o ódio ao estrangeiro, a xenofobia e a busca pela pureza da comunidade nacional serão, assim, as características principais dos regimes fascistas. Mas não apenas isso. Há um ponto que distingue o fascismo, que é uma forma de extrema direita, da direita propriamente dita. Em ambos, haverá hostilidade à esquerda, oposição a valores progressistas, inclusive, em alguns casos, iluministas. Porém, enquanto a direita dificilmente tem militantes, a extrema direita e o fascismo são formados predominantemente por militantes – pautados pelo ódio, muitas vezes organizados em grupos paramilitares e, sobretudo, com recurso à força bruta.[2]

O amor, no fascismo, está intimamente relacionado ao ódio. Ama-se um compatriota com base na união pelo ódio ao estrangeiro, ao impuro. E isso acontece a partir de um discurso cristalino, transparente. Os fascistas geralmente não escondem sua aversão ao outro. De 1925, o livro *Minha luta*, de Hitler, antecipava tudo o que ele depois veio a praticar quando chegou ao poder.

O fascismo não acaba só com a liberdade de expressão, de voto, de organização; ele destrói o tecido democrático, o Estado de Direito. Ele captura a sociedade. "Nada contra o Estado, nada acima do Estado, nada fora do Estado" – já citei essa frase de Mussolini.

Mas, voltando ao ponto de partida, Alberto, dá para falar em fascismo em se tratando de Trump e Bolsonaro?

ACA: Ainda antes de responder a essa pergunta, Renato, há um ponto crucial sobre o fascismo que vale a pena mencionar: sua vitória é uma reação aos eventos que decorreram na década de 1920 na Europa, sobretudo a ameaça comunista e a quebra da Bolsa de Valores, em 1929. Em reação ao internacionalismo socialista, o nacionalismo; em reação à crise do capitalismo, a visão de mundo que prioriza as corporações em detrimento dos indivíduos. Como manter o capitalismo vivo e resistir à ameaça comunista? Suprimindo o indivíduo e negociando com corporações – empresariais e sindicais, por exemplo; suprimindo o internacionalismo e valorizando o que é nacional. Isso é fundamental para identificar a natureza fascista. Todo fascismo implica supressão das individualidades. Além disso, a negação da intelectualização: o fascismo prioriza a ação ante o pensamento. Fascismo é ação. Justamente por isso, ele se fundamenta por intermédio de doutrinas, não por teorizações científicas complexas.

Procurando responder à sua pergunta, eu questiono: como aplicar a visão de fascismo – intimamente relacionada a um determinado contexto histórico – aos dias atuais? A partir da caracterização histórica do fascismo, como identificá-lo hoje? É muito difícil. O que se pode perceber são ações de inspiração fascista, mas não exatamente o fascismo constituído como regime político.

Você, Renato, consegue identificar algum governo no mundo, hoje, que, dada a caracterização conceitual do fascismo, pode ser considerado fascista? A minha impressão é a de que o regime fascista é um fenômeno datado, que passou. Nenhum governo atualmente é fascista, mesmo que um governante X ou Y eventualmente emita alguma opinião de inspiração fascista.

RJR: Não saberia dizer exatamente, mas talvez a Arábia Saudita: um país que não tem partidos, não tem eleições livres, as mulheres não têm liberdade, os estrangeiros são responsáveis por trabalhos braçais, subalternos, e a população vive reprimida por um regime fundamentado em uma visão extremista do islã. Mas, mesmo que tenha uma polícia da moral, que espanca mulheres, não chega a ter um partido de massas a defender o regime.

Diria que hoje há tendências fascistas em muitos países, inclusive o nosso. Estimular, facilitar práticas violentas e negar a realidade – como negar a Covid-19 – são atitudes de inspiração fascista: tentativas de vencer pelo grito, pela violência. A invasão ao Capitólio dos Estados Unidos foi um fenômeno fascista, por exemplo.

Respondida a pergunta, gostaria ainda de mencionar um período da história do Brasil no qual algo próximo do fascismo esteve vigente como regime político: o Estado Novo (1937-1945), na era Vargas. Getúlio Vargas (1882-1954) foi o presidente mais polivalente do Estado brasileiro, porque teve quatro encarnações: foi chefe do Governo Provisório (1930-1934), vitorioso em uma revolução promovida pela Aliança Liberal, em 1930; torna-se presidente do Governo Constitucional (1934-1937), eleito pelo Congresso,[3] em 1934; lidera um golpe em 1937, torna-se ditador fascista; e, em 1950, é eleito presidente democraticamente, e passa a governar com propensões à esquerda, quando cria a Petrobras e a Capes, por exemplo.

ACA: Ou seja, Vargas é o próprio "Centrão" em pessoa. Jogou em todas.

RJR: Ele foi um político muito habilidoso. Mas vamos atentar para a pior fase, o Estado Novo. Foi um regime quase fascista, com elementos do fascismo, de acordo com o conceito que descrevemos. A diferença é que Vargas não cria um partido, embora tenha feito os integralistas acreditarem que encamparia o deles, e que Plínio Salgado[4] seria o ministro da Educação responsável por doutrinar a sociedade. Entretanto, ele manipulou os integralistas em interesse próprio. Sim, ele doutrinou a sociedade, com o Dia da Raça celebrado a 12 de outubro, os corais com multidões de escolares, o controle da mídia pelo DIP, mas não chegou a ter um partido fascista. Além disso, o contexto da política externa à época freou a simpatia pelo fascismo de Getúlio Vargas, que se viu obrigado a declarar guerra à Alemanha e Itália, alinhando-se aos interesses dos Estados Unidos.

Quanto a Trump e Bolsonaro, é possível afirmar, sim, que tomaram muitas medidas fascistas. Qual foi a primeira medida de Trump? Dificultar a entrada de muçulmanos nos Estados Unidos. É típico escolher o estrangeiro como inimigo da nação. Mas não é possível afirmar que Brasil e Estados Unidos viveram um regime fascista, porque ambos – os Estados Unidos com mais força do que o Brasil – têm instituições democráticas que continuam a existir. São instituições que, embora alvejadas, ameaçadas, não chegaram a ser diluídas. Funcionam, ainda que, no caso do Brasil, mais precariamente do que nos Estados Unidos. Por outro lado, conseguiram, sim, mobilizar as massas: um tomou o controle do Partido Republicano e o outro, de forma menos institucionalizada, juntou multidões nas suas manifestações antidemocráticas e manteve seu apoio, ainda que difuso, depois que perdeu a reeleição.

ACA: Exatamente. E, além disso, vivemos uma realidade em que os direitos individuais, a legitimidade do conflito entre partidos democráticos e os valores da democracia liberal afastam a possibilidade de identificar um regime fascista nos Estados Unidos governado por

Trump ou no Brasil governado por Bolsonaro. A capacidade de reação da sociedade e das instituições, atualmente, é muito grande.

Mesmo nos Estados Unidos, onde há facilidade para a compra de armas, não houve uma milícia trumpista formalmente constituída, armada nas ruas para defender o governo. No Brasil, há regiões inteiras controladas por milícias, experiências de microfascismo, porque, diferentemente do tráfico de drogas, a milícia controla todos os aspectos da vida de quem mora em regiões sob seu controle.

RJR: É algo muito preocupante. O livro *A república das milícias: dos esquadrões da morte à era Bolsonaro*, de Bruno Paes Manso, é uma boa leitura sobre o assunto. Mostra como a milícia cresceu no Rio de Janeiro e se articula com a política do estado.

Mas, por fim, para fechar, vale ressaltar: fascismo não é qualquer ditadura. É uma ditadura piorada. Ele enquadra todos os aspectos da vida social. A ditadura, não necessariamente. Ditaduras fecham Congresso, governam com base em decretos-lei, decidem os rumos da sociedade sem prestar contas a ninguém, são inadmissíveis e inaceitáveis. Mas o fascismo vai mais longe no uso da violência e da opressão. Há elementos de fascismo no governo Bolsonaro? Sim. Não por coincidência, um de seus chefes da Cultura fez uma gravação em vídeo na qual reproduzia uma estética que remetia ao nazismo. Mas os tempos já não são muito favoráveis ao pacote inteiro, digamos, com todos os elementos do fascismo do ponto vista histórico.

O historiador Paul Veyne diz que, para entendermos a democracia antiga, devemos pensar que o seu cidadão não equivale ao cidadão moderno, mas ao moderno militante de partidos – e eu acrescento, de esquerda. Ou, de outra forma, como já sustentei num artigo meu: o militante atual de esquerda quer funcionar como o cidadão da democracia direta de Atenas.[5] Ele cobra, de si mesmo e dos outros, intensa participação – que, numa sociedade capitalista, não tem muito espaço, porque a grande maioria quer mais a vida privada do que a vida pública. E também acrescento: não há militantes de direita "normais". O direitista quer o mercado, a livre-iniciativa, em suma, quer ganhar dinheiro. Por isso mesmo, quem sai brandindo bandeirinhas na rua é, geralmente, esquerdista. Porém, nos últimos anos, surgiu uma militância de direita. Mas minha tese é que, quando a direita se torna militante, é porque passou para a extrema direita. Um direitista "normal", "saudável", não para de buscar dinheiro para acampar na frente de um quartel. Para ele, as liberdades públicas são menos importantes do que as privadas, ou seja, basicamente produzir e ganhar riqueza. Ou seja, estamos vendo um processo de fortalecimento da extrema direita, que se aproxima do fascismo, não só pelo conteúdo extremista e intolerante de suas convicções, mas também pela intensidade com que são vividas. Em tempo integral!

ACA: Por outro lado, as pessoas estão cada vez menos propensas à obediência cega. Isso dificulta o estabelecimento de um regime fascista, que depende da aceitação incondicional de uma autoridade.

RJR: Outro obstáculo, talvez mais forte, é o consumo. A sociedade, assim como se acostumou a ter liberdade, se acostumou a consumir. O fascismo, na verdade, foi um grande sucesso em decorrência do desamparo, após a Primeira Guerra Mundial (1914-1918), de pessoas que foram ignoradas pelo capitalismo liberal. Não havia políticas sociais, não havia nada. Essas pessoas, então, se indignaram e fizeram revoluções, de acordo com o contexto de cada lugar. Na Rússia, a revolução foi comunista. Na Itália e Alemanha, fascista. Não à toa, depois da

Segunda Guerra Mundial (1939-1945), foi diferente. Houve um plano para financiar a reconstrução europeia, até mesmo dos países que perderam a guerra, proporcionando alguma esperança de futuro e evitando o ressurgimento do fascismo. Essa foi a grande diferença dos dois pós-guerras, o de 1918 e o de 1945. Os grandes males na política estão ligados à falta de esperança no futuro.

11.
Revoluções

ALBERTO CARLOS ALMEIDA: A Revolução Francesa (1789) e a Revolução Russa (1917) ocorreram em contextos completamente diferentes, lugares distintos, com línguas e lideranças diferentes. Por que dois eventos tão distintos são classificados pela mesma palavra? Quais são as características sistemáticas de uma revolução? Por que as revoluções ocorrem?

Os estudiosos e especialistas em revoluções sociais e políticas saberão explicar melhor o que caracteriza uma revolução, o que há de sistemático nelas. Mesmo assim, haverá controvérsias e não será possível alcançar consenso absoluto. De toda maneira, é possível identificar algumas práticas metódicas nas revoluções: a mudança do poder, a mudança constitucional, os protestos e movimentos de rua, as ações armadas, a execução de opositores – a Revolução Francesa matou seus adversários com a guilhotina e a Russa, com os fuzis. As duas revoluções cumpriram também as demais características sistemáticas mencionadas,

RENATO JANINE RIBEIRO: Comecemos com o conceito da palavra "revolução": algo que revolve, ou seja, que faz uma volta completa. A palavra vem da Astrologia, que por sua vez dá origem ao que chamamos hoje Astrologia: uma revolução é a volta completa de um astro ao redor de sua órbita, significando, portanto, na origem da palavra, uma volta inteira em direção ao mesmo lugar de partida. Ou seja, a revolução é uma turbulência inútil porque retorna ao ponto inicial. As "revoluções", tratadas na imprensa do século XVIII, são turbulências.

Mas, no sentido aplicado atualmente na política, uma revolução significa mudança radical, e, geralmente, é engendrada pelas camadas mais baixas da população contra as de cima. Se a Revolução Russa pretendeu ser proletária, a Revolução Francesa foi burguesa. Em ambos os casos, emanou das populações que se sentiam oprimidas pela aristocracia e pela monarquia.

ACA: Exatamente. Nem todo conflito social que gera mudança é o conflito de uma classe emergente contra outra classe no poder. Nem todo conflito social resulta em mudança de Constituição, uma das características sistemáticas das revoluções. Por isso, nem todo conflito é revolucionário.

RJR: Pode-se dizer que a primeira revolução moderna ocorreu na Inglaterra em 1642, quando o Parlamento e o rei entram em guerra. Ou seja, a primeira revolução só aconteceu quase no meio da era moderna. Antes disso, não há revolução ou derrubada de poder pelas classes mais baixas. Do lado popular há revoltas, rebeliões – que não são a mesma coisa. Ou não foram bem-sucedidas ou não modificaram o *status quo*. Por parte da elite, da aristocracia, há golpes de Estado, que ainda não tinham tal nome.

Após a Revolução Inglesa, houve a Guerra de Independência dos Estados Unidos, na América do Norte, que foi uma guerra de libertação nacional, em que as treze colônias inglesas, já autogovernadas em certa medida, lutaram contra o colonialismo inglês. Essa revolução resulta na aprovação da Declaração de Independência de 1776 e na Constituição Americana de 1787. Tal qual a Revolução Inglesa, que resultou na Bill of Rights de 1689, a Revolução Americana redige uma Declaração de Direitos.[1]

A terceira revolução, no curso da história, é a Revolução Francesa, em 1789, contra o poder monárquico de Luís XVI. Ela também aprova uma Declaração de Direitos. Sua inspiração é inicialmente liberal e resulta na Queda da Bastilha e na instauração da Primeira República Francesa (1792-1804), depois liquidada por Napoleão Bonaparte (1769-1821), que restaura o regime monárquico ao se tornar imperador. Mas Napoleão é derrotado e destituído em 1814, quando voltam ao poder os reis Bourbon.

Outra revolução ocorre em 1830, também na França, quando o rei Carlos X é deposto por uma revolução popular. Ele é substituído pelo seu primo, Luís Felipe, o "rei cidadão", e a Constituição é alterada para ser mais liberal.

Essa será a última revolução não social. A partir de então, inclusive na França – que viveu uma série de revoluções, de 1789 a 1871 –, as revoluções serão sociais, com a participação de trabalhadores e operários. A de maior destaque foi a Comuna de Paris (1871). Durante sessenta dias, ela constituiu o primeiro governo comunista da história, em uma Paris devastada pela guerra contra os alemães. Mas foi derrotada pelas tropas de Versalhes, seguindo-se um verdadeiro massacre.

Na verdade, geralmente esquecemos a Revolução Haitiana (1791-1804), que é a *outra* revolução americana, em que os negros do Haiti expulsaram os colonos franceses. Contudo, não só não costumamos mencioná-la entre as grandes revoluções – por ser uma revolução de escravos, de gente negra e pobre, anticolonial num sentido diferente da norte-americana – como o Haiti entrou numa fase de muito sofrimento, acentuado quando décadas depois a França cobrou, a mão armada, uma indenização tão alta que ainda hoje o país se ressente da dívida que assumiu há quase dois séculos.[2]

Nesse breve percurso pela história das revoluções, chegamos agora à Rússia, onde a revolução foi ainda mais à esquerda, com o objetivo de abolir a propriedade privada dos meios de produção. Ocorre em 1917, derruba a monarquia, depõe o tsar Nicolau II, e termina levando ao poder o Partido Bolchevique, liderado por Vladimir Lênin (1870-1924).[3]

Depois, há revoluções comunistas e revoluções de libertação nacional.[4] Entre as comunistas, destaca-se a Revolução Chinesa, que termina em 1949, quando Mao Tsé-Tung toma o poder em Pequim; a Revolução Vietnamita, que começa em 1945 e demora quase trinta anos para se concretizar; e a Revolução Cubana (1958), que surge sem aspiração comunista, mas depois se transforma em revolução comunista propriamente dita. Entre as revoluções de libertação nacional, destacam-se países africanos colonizados que lutaram pela independência de seus colonizadores. Foi o caso da Argélia (1962) contra os franceses; e de Angola (1975), Moçambique (1975), Guiné-Bissau (1974) e Cabo Verde (1975) contra os portugueses.

ACA: Além disso, no Brasil, ocorreu a chamada Revolução de 1930; e na antiga Checoslováquia, já no fim da União Soviética, a Revolução de Veludo (1989). Revoluções que também atendem ao sentido de conflitos que geram profundas mudanças na política e em suas sociedades. Fato é que todo país já viveu algum tipo de mudança radical em sua organização política. Ainda que sem a violência ou, talvez, sem a abrangência e profundidade de outras revoluções já mencionadas.

RJR: Exatamente. Revolução tem principalmente o sentido de "mudança grande". Mesmo em casos em que não há derramamento de sangue. A Revolução Sexual e as Revoluções Feministas provocaram mudanças fundamentais e radicais nos costumes das sociedades ocidentais. A Revolução Verde dá nome a um momento de transformação profunda do modelo de agricultura.

ACA: Mais recentemente, a Primavera Árabe talvez possa ser enquadrada, em alguns aspectos, como processo revolucionário naqueles países.

RJR: Com certeza. O curioso é que chegamos a um momento no qual as revoluções clássicas, armadas, diminuíram, quase deixaram de acontecer. Talvez porque, em muitos países, já exista um sistema político maduro o suficiente para administrar transformações sem rupturas traumáticas. As revoluções armadas ocorrem quando se vive sob um governo que não dá espaço para modificação. Quando não há eleições, ou as eleições são fraudadas. Em outras palavras, quando não há nada a perder se revoltando.

ACA: Além disso, vale mencionar, as revoluções, de qualquer natureza, nem sempre alteram todos os aspectos da vida em sociedade. São revolucionárias em determinados sentidos, mas não em todos. Às vezes, inclusive, quando se exagera na tentativa de mudar aspectos praticamente imutáveis de uma determinada sociedade, é comum a ocorrência de restaurações – que o evento revolucionário retroceda em alguma medida, recue. Da mesma forma, às vezes, uma revolução pode ocorrer justamente porque a sociedade progrediu. Explico: as greves, por exemplo, tendem a acontecer em momentos de pleno emprego. Claro, porque, em momentos de alto desemprego, o trabalhador está em posição vulnerável, que desfavorece a organização grevista. Muitas vezes, é justamente a melhor condição de uma sociedade que estimula e dá vida a um evento revolucionário.[5]

RJR: As pessoas percebem o cheiro de coisa boa e querem mais. Percebem que têm direito a ter direitos.[6]

12.

Capitalismo e democracia

ALBERTO CARLOS ALMEIDA: Qual a relação entre capitalismo e democracia? Talvez fique evidente, em relação a esse tema, uma discordância maior entre mim e Renato. Concordar e discordar é normal, o mundo é construído assim. Mas gostaria de começar fazendo referência a duas indicações.

Em primeiro lugar, a plataforma Our World In Data[1] é uma base de dados que evidencia algo bastante relevante – que, gradativamente, aumenta o número de pessoas vivendo sob regimes democráticos no mundo. Se, em meados do século XIX, pouco mais de 2 milhões de pessoas viviam em regimes democráticos, hoje, ao menos cerca de 2,5 bilhões de pessoas vivem em democracias. Claro, esse número aumenta conforme a população mundial aumenta também. Mas o que o Our World In Data nos ajuda a perceber? Que há uma tendência de democratização das sociedades. A democracia tende a prevalecer.

Em segundo lugar, o livro *Capitalismo sem rivais: o futuro do sistema que domina o mundo*, de Branko Milanović, evidencia uma tendência de crescimento do capitalismo. Principalmente a partir do fim da União Soviética, cada vez mais pessoas vivem em regimes capitalistas, compreendidos como sistema econômico baseado na propriedade privada dos meios de produção e em certo grau de descentralização das decisões econômicas, ainda que com alguma interferência do Estado – presente mesmo nas economias capitalistas. O grande estadista francês Georges Clemenceau (1841-1929) disse – referindo-se à Primeira Guerra Mundial – que a guerra é algo muito importante para deixar nas mãos de generais; parafraseando-o, o capitalismo é muito sério para deixar nas mãos de capitalistas.

Não pretendo afirmar que há uma relação de causa e efeito entre as duas tendências de crescimento, tanto da democracia quanto do capitalismo. Mas chamo a atenção para ambas, pois seu avanço simultâneo me parece bastante relevante.

Milanović vai mostrar, por exemplo, que o capitalismo se expande não apenas em termos geográficos, abrangendo nações e comunidades que então não haviam tido contato com esse modelo econômico: o capitalismo entrou nas nossas casas. Com os adventos tecnológicos, os celulares e a internet, nosso carro, nosso quarto e nossa casa viraram mercadorias. No YouTube, as pessoas mercantilizam a exibição de seu dia a dia. Isso representa a vitória do capitalismo. E a sua expansão ideológica. Em que sentido? No sentido de que as pessoas desejam ganhar mais dinheiro, sempre, trabalhar mais e ganhar mais. As pessoas aceitaram esse fundamento do capitalismo que se expande sobre diferentes aspectos de suas vidas, com a mercantilização de produtos que outrora nem sequer eram passíveis de serem mercantilizados.

Por um lado, portanto, há a expansão da democracia. E por outro lado, a expansão do capitalismo. Os dois se relacionam? Talvez sim. E por uma razão muito simples: porque um favorece o outro. Democracias favorecem a descentralização de fontes de poder. Descentralização de fontes de poder favorece o capitalismo, que, por sua vez, também estimula a descentralização de poder, e, portanto, a democracia.

CAPITALISMO E DEMOCRACIA

RENATO JANINE RIBEIRO: Basta um pouco de observação da realidade para perceber que o crescimento da democracia ocorre junto com o crescimento do capitalismo.

Quando o capitalismo começa? Muito simples: quando o dinheiro se torna capital. Quando o dinheiro passa a ter poder, a produzir. Um comerciante, por natureza, vai formar algum tipo de capitalismo. Mas o capitalismo se tornará mais forte ao longo de um demorado processo, com a propriedade privada da terra e, depois, com a industrialização. Um processo que geralmente acompanha certos valores liberais e democráticos.

O Estado de Direito surge com o capitalismo, até porque ele é a força que impõe limites ao poder do rei e ao poder da nobreza. O Estado de Direito cresce gradativamente junto com o capitalismo até o regime democrático – na minha opinião, a partir da Constituição dos Estados Unidos no fim do século XVIII. Na verdade, o capitalismo supõe sujeitos livres para contratar, como o patrão e o empregado. É uma fantasia imaginar que os dois sejam iguais, mas essa fantasia é essencial para que o capitalismo funcione: o dono do capital e o dono da força de trabalho seriam iguais e livres para contratar uma relação de emprego. Essa igualdade e liberdade, por sua vez, também se expressam no voto. Sinteticamente, esse é o vínculo entre capitalismo e democracia.

Com o crescimento das sociedades urbanas, o capitalismo e a democratização das sociedades crescem. Por quê? Porque a vida urbana, com maior troca de informações e maior interação social, favorece o crescimento das democracias. Mas daí a dizer que a causa da democracia é o capitalismo há uma distância. Um mesmo processo histórico gera diferentes produtos paralelos. O processo histórico de urbanização e industrialização favoreceu o crescimento do capitalismo e também das democracias. Os exemplos clássicos são Estados Unidos, Reino Unido e França.

Estabelecida essa relação entre capitalismo e democracia, eu gostaria de avançar no tema e observar que essa ligação entre os dois é mais tensa em países pobres. Um exemplo:

O autor nigeriano Chinua Achebe (1930-2013) conta, em seu livro *A educação de uma criança sob o Protetorado Britânico*, que foi convidado a uma reunião do Banco Mundial e não sabia por que o chamaram; ouviu os especialistas afirmando que tivessem paciência, que os remédios neoliberais melhorariam tudo; e então teve uma iluminação e lhes disse:

> Vou lhes contar o que ocorreu no meu país, a Nigéria, com o ajuste estrutural. Depois de tomar esse remédio por dois anos, vimos o valor do salário mínimo do país despencar do equivalente a quinze libras esterlinas por mês para cinco libras.
>
> Isso não é um relatório de laboratório nem um exercício matemático. Estamos falando de alguém cuja renda mensal, que já é bem miserável, reduziu-se a um terço do que era dois anos antes. E esse homem de carne e osso tem mulher e filhos. Na opinião de vocês, ele deveria simplesmente voltar para casa e dizer à sua família para ter paciência.
>
> Agora me permitam lhes fazer esta pergunta:
>
> Vocês recomendariam um remédio assim ao seu próprio povo e ao seu próprio governo? Como vocês venderiam um projeto desse a um presidente eleito? Com isso, vocês lhe pediriam que cometesse suicídio político ou talvez que suspendesse as eleições por completo até ele conseguir dar um jeito na economia. Dá para perceber que é isso que vocês estão fazendo?

Ou seja, uma reforma econômica como esta dificilmente seria cogitada na Inglaterra ou em outro país europeu. Para ela ser implantada, seria preciso acabar com a democracia. Ela poderia atender aos interesses capitalistas para resolver problemas econômicos, mas implicaria necessariamente um governo não democrático.

Países pobres ficam mais à mercê de consultores econômicos internacionais, de órgãos econômicos internacionais, e acabam se vendo obrigados a adotar políticas econômicas que são insustentáveis para a democracia.

No caso do Brasil, por exemplo, três dos quatro governantes que mais se orientaram na direção popular – Getúlio Vargas no seu mandato eleito, João Goulart e Dilma Rousseff – foram tirados do poder de forma heterodoxa. Getúlio ia ser deposto e se suicidou; João Goulart (1919-1976) foi deposto; Dilma foi afastada por um impeachment apoiado em critérios de difícil compreensão (os que votaram a favor de sua saída, como Cristovam Buarque, admitiram que o fizeram por questões políticas e não porque ela teria cometido crime). Lula, o único a governar até o fim de seu mandato, foi impedido de concorrer às eleições de 2018 e passou quase dois anos preso, após um processo depois julgado iníquo.

Assim, à medida que se pretenda radicalizar a democracia, ela entra em conflito com o capitalismo. Este a promove, enquanto ela depende da afirmação do indivíduo como sujeito das decisões, mas separa-se dos valores democráticos, quando estes procuram se aplicar ao regime de trabalho e às questões de renda e propriedade.

Mas, com isso, quero dizer que o comunismo seria a verdadeira democracia? Não. O comunismo, tal qual existiu, não deu certo. Não estou defendendo o comunismo. Apenas ressalto que o capitalismo tem um elemento que torna a vida democrática complicada. É um caminho. É o único? Não. Mas toda escolha tem seu preço. E esse é o preço do capitalismo.

ACA: Mas penso que dificilmente se consegue acabar com o capitalismo dentro da democracia. Por quê? Porque a espinha dorsal do capitalismo é o investimento privado. Aí não tem jeito. O nosso bem-estar futuro, o bem-estar futuro de toda a sociedade depende do capital privado. E o capital está sob o controle de capitalistas descentralizados. Se um governo qualquer decide expropriar os proprietários, eles vão se articular e derrubar esse governo. Esse é o limite da democracia. Ela não permite isso. Os que têm capital líquido são mais poderosos, naturalmente. Mas, por outro lado, eles precisam investir no bem-estar da sociedade. Porque, se a sociedade ficar insatisfeita e se colocar contrária ao sistema, ele rui.

RJR: Primeiro, não vejo hoje como extinguir o capitalismo. Não vejo – hoje – outro regime econômico que entre no seu lugar. Mas estou convicto de que capitalismo não será a última forma de organização da humanidade, porque temos séculos, milênios pela frente. Seria muito tolo imaginar que chegamos ao ponto-final econômico. De qualquer maneira, é claro que a proposta marxista de socialização dos meios de produção ficou incompreensível. Não é que deu errado. Ela nem sequer foi aplicada. Porque o que ocorreu nos países comunistas foi a estatização, que Marx não queria. Marx era contra o poder do Estado. Ao mesmo tempo, o que ele de fato propôs agora faz pouco sentido. Ninguém saberia como fazer o que ele chama de propriedade *social* (não é estatal) dos meios de produção.

Ainda assim, e é o que estou tentando demarcar, o princípio do capitalismo e o princípio da democracia podem andar juntos durante um tempo, mas são coisas diferentes. E cada um visa a resultados diferentes. Não há democracia sem tendência à igualdade. E não há capitalismo sem desigualdade, ele é competitivo. Então, em algum momento, os dois entram em conflito. É preciso encontrar alguma forma de equilíbrio.

Reconheço que o capitalismo é uma extraordinária ferramenta, de produção muito eficiente. Mas precisa ser controlado por elementos éticos externos. Vamos reconhecer os direitos dos trabalhadores? É uma pressão externa. Vamos proteger o meio ambiente? Outra pressão externa. Ele é eficiente o bastante para incorporar pressões externas. Mas ele próprio não cria esses aperfeiçoamentos, que só decorrem de contestações por vezes violentas.

ACA: Ótimo ponto. Você acha que empresas de capital aberto poderiam aceitar, em alguma medida, a ideia de socialização dos meios de produção? Que o capitalismo pode acabar por dentro? Ou seja, todos se tornando proprietários de todas as empresas nas Bolsas de Valores?

RJR: Várias medidas poderiam caminhar nessa direção. Formas mais cooperativas de produção, por exemplo. Mas mesmo uma cooperativa geralmente tem quotas. E, com o passar do tempo, pessoas se tornam proprietárias de mais quotas do que outras. Isso estabelece uma desigualdade. Eu não vejo, Alberto, como pensar num futuro sem desigualdade se houver propriedade privada dos bens de produção. O que pode e o que se deve pensar são limites. Tirar mais de quem tem mais para dar mais a quem tem menos. O que, aliás, é o princípio da tributação nas democracias.

Antes de concluir aqui, uma nota: tenho ouvido muita gente culpar o capitalismo pelo patriarcado. Esse é um erro enorme. As sociedades históricas são quase todas patriarcais. O capitalismo não cria nada disso. É claro que ele mantém patriarcado e machismo – mas é justamente sua ênfase na libertação do indivíduo de todas as amarras que vai permitir, nos séculos XX e XXI, o enfrentamento desses legados históricos.

Para resumir: a meu ver, capitalismo e democracia crescem juntos, mas são irmãos antagônicos. Têm agendas próprias que, às vezes, se encontram e outras, não. O importante é descobrir como, dentro do sistema econômico capitalista, aumentar a parte da democracia. Ela já aumentou na vida privada. Pela primeira vez na história conhecida, as decisões dentro de casa são tomadas em comum acordo entre um casal – não existe mais o *pátrio poder*, que a lei substituiu pelo poder parental. Estamos aprendendo a democratizar nossas relações de afeto? Sim, embora ainda falte muito. Como fazer isso em outros âmbitos da vida social? É o desafio.

13.
Desigualdade e democracia

ALBERTO CARLOS ALMEIDA: Desigualdade e democracia, como se relacionam? A verdade é que a desigualdade sempre existiu, a democracia não...

RENATO JANINE RIBEIRO: Com certeza. Desde que se tem história, registros antigos, há desigualdade. A humanidade sempre conviveu com ela. Até porque, para se criar uma sociedade complexa, com escrita, arte, arquitetura, agricultura etc., a desigualdade é quase uma condição. Antes mesmo de se começar a época histórica, isto é, de haver escrita e registros com ela, é possível afirmar que a desigualdade já existia.

Nas atuais sociedades capitalistas, a desigualdade é de renda e de propriedade. Mas, nas sociedades prévias, a desigualdade era muitas vezes de status. Mesmo quando ainda não havia dinheiro como o conhecemos agora. Santo Tomás de Aquino (1225-1274) afirma, na Idade Média, que as sociedades precisam de hierarquia. Shakespeare (1564-1616) escreveu em uma de suas peças: *Take but degree away, untune that string, and hark, what discord follows!* Ou, traduzindo, "Elimine a gradação, desafine esta corda, e veja, a discórdia acontece!"[1] A desigualdade é vista como o ritmo natural da humanidade. É o que, de certa forma, faz as sociedades funcionarem, graças não apenas a suas diferenças, mas à desigualdade.

O filósofo francês Jean-Jacques Rousseau é o primeiro pensador importante a criticar a desigualdade, em seu *Discurso sobre a origem e os fundamentos da desigualdade entre os homens*.[2] Até aquele momento, havia a naturalização da desigualdade. Mas Rousseau vai defender que, no começo da vida humana, havia igualdade, mas não sociedade. Ele pensa que o conhecimento, as luzes, tudo o que chamamos de progresso, não são coisas boas porque fazem o homem deixar de ser "homem da natureza" para se tornar "homem do homem". "Homem da natureza" é o homem tal qual ele é, por natureza. E "homem do homem" é aquele que só enxerga a si próprio através do outro, sem relação direta consigo próprio. Isso remete a uma tradição, já bem antiga, de se discutir a vaidade, que Rousseau retoma para pensar a origem da desigualdade. Ou seja, se estou olhando a mim mesmo pelo olhar alheio, quero me valorizar pelo olhar do outro. O "homem do homem" acaba gerando uma disputa: para ter mais e ser mais. Soma-se a isso outra ideia de Rousseau nessa obra, e que nos ajuda a pensar a desigualdade: quem fundou a sociedade humana foi aquele que inventou a propriedade. O que isso significa? Que a sociedade nasce quando alguém cerca um pedaço de terra e diz: "Isso é meu." E encontra gente ingênua o bastante para acreditar nisso. Assim nasce a desigualdade. Primeiro de terra e status, depois de renda.

Com o capitalismo, a desigualdade é acentuada. A partir do momento em que o dinheiro se torna instrumento de poder, ele torna a desigualdade mais visível, mais evidente. Ao mesmo tempo, ela passa a incomodar, deixa de ser aceita, como era antes desse regime econômico (e político). A base da pirâmide social, os mais pobres, passam a se indignar e a querer reduzir a desigualdade.

ACA: Quando você menciona Rousseau, me ocorre que ele tematizou a desigualdade porque, naquele momento, emergia a democracia. Não sei se você gostaria de desenvolver esse ponto. A tematização da desigualdade surge com o capitalismo, como você comentou. Mas também não ocorre por conta da emergência da própria democracia? O que você acha?

RJR: Com certeza. Rousseau escreveu nas três décadas iniciadas em 1750, em pleno declínio do absolutismo na França, enquanto a classe burguesa ascendia, menos de quarenta anos antes da Revolução Francesa e vinte e cinco anos antes da Revolução Americana. Ou seja, justamente no momento de surgimento e ascensão da democracia. O fato de Rousseau ter tematizado a desigualdade foi fundamental nesse processo. Ela começa a se tornar um problema. A democracia cresce e a desigualdade se torna um tema. São dois assuntos intimamente relacionados.

ACA: Sim, desigualdade pressupõe hierarquia. A hierarquia contradiz a igualdade. E a igualdade é um fundamento da democracia. Na democracia, o povo pressiona o sistema político por condições menos desiguais. Mesmo havendo desigualdade de renda, a democracia proporciona condições para a diminuição da desigualdade por meio de seus instrumentos de participação popular, direta e indiretamente.

RJR: Em 1912, o sociólogo italiano Corrado Gini (1884-1965) criou um índice de medição da desigualdade que recebeu seu nome, índice de Gini. O próprio fato de esse índice ter sido criado demonstra que o tema da desigualdade se tornou importante. Como o índice funciona? Simplificando, zero (0) seria igual à perfeita igualdade. Todas as pessoas de uma sociedade teriam propriedade e renda igualmente. Um (1) seria absoluta desigualdade, alguém teria tudo e os outros não teriam nada. No caso da educação, em 1990, fizeram um estudo em 85 países, e o Mali, na África, teve o maior índice de Gini, 0.92. Significa que pouquíssimas pessoas tinham escolaridade alta e quase todo mundo tinha escolaridade praticamente nula. Já nos Estados Unidos, o índice foi de 0.14, muito perto de zero. Significa que naquele país havia um equilíbrio em relação ao acesso à educação.[3]

Ou seja, por um lado, o capitalismo se move graças à desigualdade e à competição. Por outro lado, as políticas públicas têm o papel importante de tornar a desigualdade menor, criando pelo menos alguma igualdade de oportunidades – fundamental para o capital ético, que a revista liberal inglesa *The Economist* tem chamado de *moral money*.

ACA: O que a democracia coloca na cabeça dos seres humanos? A busca pela igualdade formal, no mínimo, a igualdade perante a lei: cada pessoa representa um voto igualmente.

Mas há um ponto interessante se estabelecermos uma comparação com os Estados Unidos, onde o princípio da ética da igualdade é um valor mais praticado do que no Brasil. Patrão e empregado estarão em patamares de igualdade distintos no ambiente de trabalho, mas não em ambientes informais, onde usarão o pronome de tratamento *you* (você). Já no Brasil, é diferente. Imagine um churrasco de confraternização de fim de ano, em que patrão e empregado estão em um mesmo ambiente, numa situação fora da desigualdade estabelecida pelo contrato de trabalho. No Brasil, o empregado vai continuar tratando o patrão como patrão, a desigualdade contratual se estende para além da hierarquia estabelecida no escritório; nos EUA, isso não vai acontecer, patrão e empregado são formalmente iguais no churrasco.

RJR: Sim, o Brasil tem um problema sério de subserviência. A desigualdade está extremamente interiorizada por tradição. Interessante perceber que no processo de democratização, em que mais pessoas são alfabetizadas, o descontentamento com a desigualdade aumenta. Por quê? Porque grande parte da população, cujas famílias passaram séculos e séculos em funções de subserviência, tem acesso à educação. O descontentamento com a desigualdade é um traço muito importante, é um motor de conflito e de discussão.

Mesmo em sociedades em que o princípio da ética da igualdade está mais presente, há herança. As pessoas nascem em posições elevadas, que as favorecem e mantêm a desigualdade como ponto de partida. O economista francês Thomas Piketty tem mostrado, com dados, que a diferença na escala econômica é fruto sobretudo da herança, e não dos rendimentos do trabalho, contestando a argumentação a favor da meritocracia. A mobilidade social, diz ele, é baixa em todas as principais sociedades. Ora, isso é negativo não apenas do ponto de vista humanitário, mas inclusive do ponto de vista capitalista. Igualdade de oportunidades contribui para o não desperdício de talentos. Talentos aproveitados significam mais pessoas capacitadas e aptas a produzirem e desenvolverem economicamente a sociedade. Pense o quanto o Produto Interno Bruto (PIB) brasileiro seria maior se tivéssemos igualdade de oportunidades? Se a profissão dos indivíduos não estivesse determinada a partir de seu local e sua condição social de nascimento?

ACA: O economista dinamarquês Gregory Clark, em seu livro *The Sun Also Rises*,[4] demonstra que os sobrenomes presentes em universidades, associações de advogados e de médicos se repetem, que o processo de ascensão social é extremamente lento. Para um sobrenome sair da base da pirâmide social e alcançar o topo, pode demorar no mínimo cerca de trezentos anos. A mobilidade social ocorre, mas é muito lenta.

RJR: Sim, e quando há movimentos sociais, políticos e partidos, geralmente de esquerda, pleiteando a redução da desigualdade, é porque hoje ela está mais escancarada. O capitalismo deixa a desigualdade mais visível.

ACA: E quanto mais rico e democrático um país, menos desigual ele é. Não há nenhum país desenvolvido dentre os vinte países com os maiores Índice de Gini, isto é, no conjunto de países mais desiguais.[5]

14.
Democracia direta e democracia representativa

ALBERTO CARLOS ALMEIDA: Democracia direta ou representativa? Quais são as diferenças? Uma é melhor do que a outra?

RENATO JANINE RIBEIRO: A democracia direta está associada a Atenas, à democracia grega, origem da democracia no mundo, por volta dos séculos V e IV a.C. A democracia representativa começa talvez com a Revolução Americana, com a Constituição dos Estados Unidos, em 1787 – embora a Revolução Inglesa de 1688 já a prenuncie, ao fortalecer o Parlamento contra o rei. Antes, ele só precisava convocá-lo quando necessitava de dinheiro; a partir da Declaração de Direitos, ele continua com o direito de veto às leis, mas não pode deixar de reuni-lo em certos períodos fixos.

Começando por Atenas. As assembleias se reuniam na ágora, a praça central que servia como lugar de discussão, na qual os homens adultos e livres tinham o direito de participar. Não era aberta a escravos, mulheres e estrangeiros e ocorria aproximadamente a cada nove dias. Havia muita participação, portanto, nessas reuniões, com cerca de mil participantes em média.

O pensador liberal franco-suíço Benjamin Constant, numa conferência de 1819, discute a liberdade dos antigos comparada à liberdade dos modernos e conclui que aqueles tinham total liberdade, mas apenas enquanto coletivo. A assembleia popular podia decidir, por exemplo, banir uma pessoa da cidade, mesmo que não tivesse cometido crime algum. Mas o indivíduo sozinho não tinha liberdade alguma, acatava o que a assembleia decidisse. No mundo moderno, no mundo que se caracteriza pelo comércio (nome que ele dá ao capitalismo), ocorre o contrário: existe uma liberdade na vida privada que é mais importante do que a liberdade na vida coletiva. Há esse contraste, portanto, entre a democracia direta – grega, com participação regular do cidadão a cada nove dias, em média, e liberdade no âmbito do coletivo – e a democracia representativa moderna – menos participativa, com o exercício do voto a cada dois anos, por exemplo, e com mais liberdades privadas.

Por que essa diferença? Ora, Atenas era pequena comparada às grandes nações modernas. Como reunir os cidadãos, hoje, quarenta vezes por ano? Impossível. Ou ao menos muito difícil. De modo que a democracia representativa possibilita a democracia em grandes Estados através de representantes eleitos. Mas a razão principal não é o tamanho do Estado, mas o desinteresse da maioria das pessoas pelas questões políticas, uma característica da vida moderna. As pessoas mal vão a reuniões de condomínio, o que dizer de reuniões regulares para discutir aspectos da vida coletiva?

Não à toa nós, hoje, temos a percepção de que o Estado é algo distante. Mas os políticos não são de Marte. Somos nós que os elegemos. Nós os escolhemos. Mas nos mantemos alheios ao dia a dia das tomadas de decisões coletivas. Pagamos os impostos simplesmente e esperamos que tudo aconteça. Somos passageiros no navio das decisões políticas. O cidadão antigo era tripulante, se envolvia com a viagem. O historiador francês Paul Veyne (1930-2022) diz que na Antiguidade a metáfora da nau do Estado, uma imagem que tem milhares de anos, comporta piloto (o governante) e tripulantes (os cidadãos, que têm de ser ativos). Não há, ao contrário da modernidade, "passageiros", isto é, cidadãos que pagam o imposto e esperam em contrapartida os serviços do Estado, sem nada fazerem por eles.

ACA: Exatamente. "Existe o público e eu não tenho nada a ver com o público" é o pensamento médio das sociedades modernas, preocupadas apenas com suas vidas privadas. Como se vida privada e vida pública não estivessem intimamente relacionadas. Assim nasce a classe política, figuras especializadas em lidar com as questões públicas. São especialistas eleitos para representar a sociedade nas tomadas de decisão. É a democracia representativa.

Porém, para funcionar, a democracia representativa implica também disponibilidade de tempo. Ou seja, a necessidade de representação cria uma classe política que precisa viver da política, que dedica seu tempo integralmente à vida pública. É normal e necessário. É inclusive saudável a existência de políticos dedicados integralmente à vida pública, que recebem salários para assumir esse posto. Por quê? Bem, porque alguém que entra na política sem depender da política não se dedicará ao máximo. Se ele já tem outros negócios na vida privada, e for um mau político, basta voltar para a vida privada. É positivo, portanto, que a classe política seja formada por pessoas cuja vida privada dependa de sua dedicação ao interesse público. Além disso, se os políticos não tivessem salários, só pessoas ricas poderiam ser políticos.

RJR: Justamente, a política como ela é. Mas, para a classe política, digamos, profissionalizada, integralmente dedicada à vida pública, caber na democracia, é necessário que ela aja com transparência e seja controlada. E que haja uma mídia não totalmente partidarizada. O papel da mídia nesse caso é muito importante. Em democracias bem consolidadas, há jornais que adotam uma posição política muito clara, como o *The New York Times* nos Estados Unidos, o *Le Monde* na França. Estão no campo progressista, mas também cobrem notícias em campos opostos ou divergentes, dão palavra a pessoas que não compartilham das mesmas posições – e, sobretudo, têm mais compromisso com os fatos do que com suas convicções.

ACA: Com certeza. Mas será que hoje haveria alguma alternativa a essa classe política profissionalizada? Há um meio-termo entre democracia direta – modernamente falando, através de referendos e plebiscitos – e representativa, como o associativismo, talvez? Com as tecnologias atuais, seria possível participar mais ativamente das decisões políticas simplesmente votando diariamente em microdecisões por meio de um aplicativo no celular?

RJR: Há, sim, formas de democracia direta que são praticadas na sociedade atual. O associativismo, Alberto, é uma das ferramentas principais para frear a perda de interesse pela política e a excessiva autonomia do representante. Quando as pessoas se reúnem, como é comum nos Estados Unidos e na França, em defesa de uma causa comum – às vezes, no nível do bairro –, elas fortalecem seus vínculos e aprendem a aumentar seu controle sobre o poder público.

Hoje temos condições tecnológicas para decidir pela internet e se experimentam eleições on-line, mas ainda está no começo. Quando se aprova uma lei, há implicações. Não posso aprovar uma lei de recomposição salarial ou de investimentos na economia e, ao mesmo tempo, aprovar uma lei de redução de impostos. Essa é uma crítica à decisão popular: se todas as leis forem votadas por todos, há o risco de aprovação de propostas simpáticas, mas conflitantes entre si, tornando o produto final inviável. A vantagem da representação é que os eleitos devem avaliar e medir as consequências de seus votos. Mas nem sempre o fazem.

Marx e Lênin, na sua crítica à democracia burguesa, atacam o "cretinismo parlamentar", que estaria ligado a representantes que só falam, nesse lugar de apenas *parlare* que é o Parlamento, mas não executam nada. Minha experiência na universidade e em outros campos é que, quando há pessoas em posições de decisão, mas sem cargo executivo, não há compromisso com a execução daquilo em que votam. Por isso, há uma regra na governança municipal portuguesa e francesa: o vereador deve ter cargo executivo – ideia que está presente no pensamento político dos séculos XVI e XVII e é retomada pelos comunistas. Na França, o prefeito municipal – *maire* – tem vários adjuntos, o equivalente a nossos secretários, que são vereadores eleitos como ele. Em Portugal, o prefeito – presidente da Câmara Municipal – tem seus secretários, que são vereadores "com pelouro", que é o nome dado a secretarias municipais.

Se a democracia direta pode cair no descompromisso com a execução das medidas aprovadas, é bom lembrar que, na Suíça, e também na pequena vizinha Liechtenstein, o voto popular é que aprova ou rejeita as leis inicialmente votadas nos respectivos Parlamentos. E isso funciona. As votações ocorrem praticamente a cada três meses. O problema é a elevada abstenção.

De qualquer maneira, o referendo ou o plebiscito são formas importantes de participação popular. Nos Estados Unidos, são praticados em nível estadual e municipal, com bastante intensidade. Na

Suíça, tanto as leis da confederação como as dos cantões – equivalentes aos estados – só entram em vigor depois de homologadas pelo voto popular.

A falta de interesse pela política é um problema sério. Há o risco da política ficar no vazio, com democracia representativa ou direta. A questão decisiva é: como obter maior participação? O sentido da democracia direta é a participação intensa. Mas a participação intensa pode ser feita de outras maneiras, não apenas pelo voto. Pode ser feita também por meio de organizações civis, formas da sociedade se organizar para fiscalizar seus representantes e propor soluções coletivamente para os problemas da sociedade. A participação intensa não é incompatível com a democracia representativa. As duas podem, e devem caminhar juntas.

ACA: O homem dominou o mundo por diversos motivos, mas sobretudo pela capacidade de cooperação. A ação coletiva sempre foi importante, a razão da força do ser humano. Um exemplo: durante a pandemia, Paraisópolis, no município de São Paulo, teve uma das menores taxas de mortalidade por Covid-19. Por quê? Porque se associaram, criaram presidentes por rua, e uma pirâmide de pessoas abaixo dele, organizadas para combater a propagação do vírus. A ação humana coletiva levou à melhoria da vida.

RJR: Para terminar, vejamos o caso do Brexit, na Inglaterra: é um plebiscito – portanto uma medida de democracia direta – convocado pela classe política – portanto de uma figura da democracia representativa. Deu certo? Até agora, depois de alguns anos de sua efetivação, os britânicos enfrentam muitos problemas. Houve cidades inteiras que dependiam de imigrantes, mas votaram a favor da saída da Inglaterra da União Europeia. Faltou sobretudo informação e uma boa campanha de esclarecimento. Sobraram também, por outro lado, mentiras e uso das redes sociais para propagação de ódio e *fake news*. Ou seja, não há certo e errado. Nem melhor nem pior. A democracia direta pode causar problemas. E a representativa, também. Política não é algo simples.

15.

Fake news na política

ALBERTO CARLOS ALMEIDA: *Fake news* e política. Qual o peso das mentiras na política e nos rumos da sociedade? O assunto entrou no debate público a partir do Brexit e das eleições de Trump e Bolsonaro.

RENATO JANINE RIBEIRO: Há uma indústria extremamente poderosa de *fake news*. Sem falar na indústria de produtos *fake*, de artigos falsos, de marcas pirateadas. Essa indústria se espalhou, estimulada sobretudo pela demanda por produtos de luxo. Este é o primeiro sentido de *fake*, presente já há muitas décadas: produtos falsos. Muitos vêm da Ásia. Um amigo esteve no norte da Tailândia, faz tempo, na cidade que seria a capital mundial do *fake*, e encontrou uma loja em que o vendedor lhe disse que os produtos *fake* deles eram os únicos genuínos, os outros eram falsos...

O fenômeno das *fake news* estourou no plebiscito do Brexit, no Reino Unido. É aprovada a saída do país da União Europeia, mas por uma pequena diferença de votação, um resultado muito ligado a mentiras difundidas,[1] que receberam o nome charmoso de *fake news*, eufemismo para "mentira": informações erradas, propositadamente difundidas como parte de uma estratégia para obter determinado resultado a partir da manipulação do outro. E mais: as mentiras propositadamente difundidas no Brexit e, depois, na eleição de Donald Trump, alcançaram uma escala de manipulação até então inédita com a ajuda de tecnologia e atuação da Cambridge Analytica – que utilizou dados do Facebook para definir uma série de perfis e disparar informações erradas, mentiras e distorções direcionadas a cada perfil de eleitor, customizadas especificamente para manipular. Como nos Estados Unidos o voto não é obrigatório, *fake news* com falsas declarações racistas de Hillary Clinton foram enviadas para eleitores, cujo perfil indicava que votariam na candidata democrata, com o objetivo de influenciar sua decisão. Dependendo do perfil, as mensagens poderiam consolidar o voto do eleitor em Trump, desviar o voto na candidata democrata para o candidato republicano ou, pelo menos, evitar que o cidadão saísse para votar na adversária.

A manipulação, em alguma medida, faz parte da natureza da política? Sim. Mas a diferença nesse caso é a escala, o uso reiterado de mentiras como estratégia de manipulação de determinada base eleitoral, potencializado pelas possibilidades tecnológicas atuais.

E o maior problema é quando as mentiras emplacam. Como as de Donald Trump, que levou grande parte de sua base eleitoral a acreditar erroneamente que ele venceu as eleições de 2020. Esse tipo de mentira rompe com o espaço comum da humanidade, que é concordar acerca de dados básicos da realidade. Se está chovendo, está chovendo. Não há dúvida.

As *fake news*, portanto, colocam em questão a capacidade de a sociedade compartilhar fatos básicos da realidade. O compartilhamento de fatos básicos entre as pessoas permite que a sociedade funcione, que os seres humanos concordem minimamente sobre um conjunto de informações sobre a realidade, e dialoguem. Por exemplo, sabemos que em 1500 uma esquadra portuguesa, comandada por Pedro Álvares Cabral, aportou na costa do que hoje é a Bahia. Se chamamos este acontecimento de *descoberta*, de *invasão* ou de *conquista* é questão em aberto. Assim é também em relação aos resultados da eleição de 2014, que deu vitória a Dilma Rousseff, mas foram questionados por Aécio Neves, que perdeu. É fato que ela teve mais votos, e pode-se debater a qualidade da campanha, criticar a troca de insultos entre os candidatos, a autenticidade das promessas e propostas etc. Mas é preciso haver pelo menos um acordo mínimo sobre os fatos para haver diálogo e, portanto, democracia – regime que depende muito da comunicação entre as pessoas e que aceita divergências, mas sobre uma base comum de dados reais.

Quando as *fake news* atacam esse princípio, a situação se complica. A convivência em sociedade é prejudicada, bem como a própria democracia.

ACA: Mas será que as *fake news* têm poder suficiente para influenciar o resultado de uma eleição? Não há evidências suficientes segundo a literatura em ciências políticas. Um artigo muito interessante investiga este tema: "Does Fake News Affect Voting Behaviour?"[2] Os autores comparam a influência das *fake news* em duas regiões da Itália e concluem que elas não influenciaram o suficiente para manipular o resultado das eleições, que foi muito semelhante. Uma região foi submetida à campanha eleitoral mentirosa em italiano, e a outra região não foi, pois, apesar de parecida em relação às características sociais e demográficas, a língua falada é o alemão, portanto, os eleitores não foram atingidos pelas *fake news* e, mesmo assim, votaram de modo semelhante àqueles que leram as *fake news* em italiano. Essa conclusão está em sintonia com outros artigos que investigaram o tema, em outras eleições, e chegaram a resultados parecidos. O artigo "Social Media and Fake News in the 2016 Election",[3] por exemplo, concluiu que as *fake news* não foram suficientes para influenciar o resultado da eleição de Trump em 2016. Outro artigo, que analisa a situação do Brasil, conclui a mesma coisa. Segundo os autores de "Motivated Reasoning Without Partisanship? Fake News in the 2018 Brazilian Elections",[4] as *fake news* não foram suficientes para influenciar o resultado das eleições de 2018.

Por que isso acontece? O livro *Not Born Yesterday: The Science of Who We Trust and What We Believe*,[5] de Hugo Mercier, explica que os homens, de maneira geral, não permitem que uma desinformação ou mentira modifique o seu comportamento. Ou seja, as *fake news* servem principalmente para reforçar uma visão de mundo que a pessoa já possui. Elas pouco convencem alguém a mudar de opinião.

Como as pessoas mudam de opinião? Pelo afeto. As *fake news* apenas agem como instrumento de confirmação de uma predeterminada visão de mundo. As opiniões mudam por meio de informações, verdadeiras ou não, cujo ponto de partida se origine em alguém com quem o receptor se identifica, por interesses em comum. O afeto, portanto – relações estabelecidas através de interesses em comum –, segundo a psicologia cognitiva, é o que leva ao convencimento e a mudar ou não o voto de um eleitor.

RJR: De qualquer maneira, penso que o papel das *fake news* pode ter uma influência maior em eleições com resultados muito apertados, com pouca diferença de votos. Lembremos que Trump, em 2016, perdeu no voto popular, mas ganhou as eleições porque teve mais votos eleitorais, vencendo por pequena margem em estados decisivos naquela excrescência do século XVIII que os Estados Unidos guardam e se chama Colégio Eleitoral. Essa pequena diferença poderia ter-se invertido, não fossem as fake news. E no Reino Unido, a mentira propalada pelos defensores do Brexit convenceu bastante gente. As *fake news* são uma espécie de industrialização da mentira. Nas campanhas, há mentiras, mas quando aumentam significativamente em escala e são direcionadas a públicos específicos, podem ter um efeito forte.

Mas o afeto é o que tem um papel decisivo na política. As *fake news* emplacam quando miram nas paixões de quem recebe. Pelo afeto, a pessoa pode, inclusive, ser levada a votar contra seu próprio interesse!

Há políticos com a habilidade de ativar o afeto nas pessoas. Lula ativou certos afetos e Bolsonaro ativou outros. Ambos, de maneiras diferentes, souberam mobilizar eleitores pelo afeto. Isso precisa ser aprofundado, mas diria que é o que explica eleitores de Lula votarem em Bolsonaro. Porque é um fato: eleitores que votaram em Lula, que melhoraram de vida graças ao PT, em 2018 votaram no candidato do antipetismo. Qual a lógica disso? Possivelmente atribuíram sua ascensão social, que alguns chamam de passagem a uma "nova classe média", não às políticas públicas dos governos do PT (o que seria uma leitura "racional" do que aconteceu), mas a seu esforço pessoal ou à ajuda de Deus, duas explicações que não se contradizem, mas têm impacto emocional muito maior do que a referência a políticas públicas. Entre afeto e razão, o páreo é duro, e muitas vezes o primeiro ganha.

ACA: Exatamente. Ainda antes de terminar, gostaria de acrescentar um aspecto interessante sobre *fake news*: acreditar que a Terra é plana tem que efeito na vida de uma pessoa? Nenhum, a não ser que ela seja piloto de avião. Mas uma *fake news* fantasiosa como essa queima possibilidades de diálogo, por exemplo, entre pessoas que acreditam e que não acreditam que a Terra é plana, e agrupa pessoas que compartilham a crença. No fim das contas, esse é o maior efeito das *fake news*: agrupar pessoas que concordam entre si e interditar o diálogo com as demais.

RJR: Talvez eu possa acrescentar que as pessoas se beneficiam dos resultados da ciência, mas nem sempre a valorizam. Todos, no Brasil, vacinam seus bebês contra uma quantidade de doenças, mas muitos esqueceram isso quando se opuseram à vacina contra a Covid-19. Ou muitos usam aplicativos de trânsito, mas não sabem que eles dependem de satélites que giram em torno da Terra... redonda. Seria bom que a educação e a divulgação científica se unissem para mostrar como a maior parte dos avanços referentes à qualidade de vida em nosso tempo se deve à ciência. Reduziria o alcance das *fake news*.

16.

República

ALBERTO CARLOS ALMEIDA: O que é república?

RENATO JANINE RIBEIRO: Se a democracia é grega, a república é romana. Democracia indica quem exerce o poder, o povo (*demos* + *cracia* = poder do povo). República indica para que o poder é exercido. Com qual propósito? Pelo bem comum (*res* + *publica* = coisa pública). Mas quando nasce a república? Por volta do ano 500 a.C., após a deposição de Tarquínio, o Soberbo, sétimo rei de Roma. Conta-se que um de seus filhos se apaixona por Lucrécia, uma mulher da aristocracia romana, casada, e a estupra. Ela comete suicídio, causando revolta na família e na aristocracia, que depõem o rei, dando início à república. É uma história interessante, porque mostra que a república nasce da reação à violência contra uma mulher.[1]

Mas a república não era um regime de baixo para cima como a democracia ateniense foi. O poder, na república, está muito ligado a uma qualidade especial denominada *virtus*, ou virtude, que os aristocratas acreditavam possuir – o ideal de um verdadeiro homem romano. Até que, após um período, a plebe, o povo, também se revolta, e faz uma greve (talvez a primeira greve da história) contra o poder dos aristocratas, que acabam cedendo certos poderes à população. Haverá eleições, mas não é um regime democrático como o de Atenas. O poder continua concentrado no Senado, a casa aristocrática, de onde saem os líderes de Roma. Há, portanto, uma distinção entre regime democrático e república, que é relevante demarcar. República não é exatamente uma forma de governo, mas uma finalidade: a defesa do bem público, da *res publica*, a coisa pública, o bem comum.

Assim nasce a república em Roma. Ela acaba, no entanto, com o golpe de Júlio Cesar, em 48 a.C, após intensa guerra civil. Assim como a democracia também acaba em Atenas, após a conquista de Alexandre, o Grande. A humanidade vive um longo período sem democracia e sem república. Porém, mesmo sem uma república formalmente instituída, é interessante perceber que há textos que se referem ao período de Luís XIV, na França, no século XVII – talvez um dos reis mais poderosos de sua história –, como uma república. E que depois de se autoproclamar imperador, em 1804, Napoleão ainda emite moedas, por alguns anos, cunhando "República Francesa" nelas. O que isso significa? Que o conceito de república esteve associado, por muito tempo, a um Estado que enfatiza a preocupação com o bem comum, independentemente do tipo de regime. Esse é o fundamento de uma república, a preocupação com o bem comum. República e monarquia não são mutuamente excludentes, ao contrário do que se aprende na escola. Ao mesmo tempo, há países monárquicos que usam o termo "república" em seu nome, como distinção, mas cujo governo não necessariamente se preocupa com o bem comum, nem é eleito democraticamente – como o caso da Coreia do Norte, uma "República" em que não há eleições, governada por três presidentes, pai, filho e neto. Há esses dois sentidos para república, portanto: 1) Estado que enfatiza a preocupação com o bem comum, independentemente do regime político; 2) Estado republicano, em oposição a monárquico.

Fica a questão: só porque um país tem "república" em seu nome, é de fato republicano? Essa "república" enfatiza a preocupação com o bem comum? Vivi alguns anos na França quando havia ditadura em nosso país, e um francês com quem eu conversava um dia me perguntou se o Brasil era uma República. Fiquei espantado: "Claro que é", respondi. Mas depois entendi que, em especial para os franceses, a expressão *valores republicanos* tem um leque de significações positivas, incluindo eleições livres, separação entre Estado e Igreja, separação entre o público e o privado, educação universal... Esse fato dá a pensar.

ACA: Mas existe bem comum? Se há partidos, a sociedade está partida, certo? Talvez não haja um bem comum definido e compartilhado por todos. Talvez o bem comum seja o desejo de que a nação seja forte. A força da nação é o bem comum. O desejo de que ela viva em paz, com bem-estar e prosperidade. Mas como isso se realiza? Diferentes partidos terão propostas diferentes, visões diferentes. A esquerda tentará alcançar esse objetivo por um caminho e a direita, por outro. Sempre haverá controvérsia.

Desrespeitar a Constituição é ser antirrepublicano? Sim. Mas até que ponto adotamos leis que são difíceis de serem executadas e praticadas numa nação sem cultura republicana? O que quero dizer com isso? Que, às vezes, um país pode importar leis que não estejam bem adequadas à sua cultura. É mais fácil alterar a Constituição do que a nação. Explico: o sociólogo e jurista brasileiro Oliveira Viana (1883- -1951) afirmou que o Brasil importou leis liberais, instituições republicanas, embora a sociedade brasileira fosse basicamente agrária.[2] Em uma sociedade de base agrária há consequentemente uma cultura que ele chama de "insolidarista", não associativa – e a solidariedade é necessária para a prática política republicana e liberal. O que isso gera? Sobrepor instituições republicanas em uma sociedade não associativa resulta em uma prática política antirrepublicana e antiliberal. A solução, na opinião dele, era que o Brasil primeiro experimentasse um governo autoritário que o levasse às condições necessárias para uma democracia de fato republicana e liberal. Concordando ou não, quero chamar atenção para o fato de que, talvez, nossa República tenha importado leis e uma visão de país retratado em sua Constituição que não se realiza na prática.

RJR: Mas é bom lembrar que Oliveira Viana é conservador. E que o conservadorismo acredita que uma cultura não pode ser mudada com palavras e com teorias. É bom lembrar ainda que o conflito entre lei e realidade também ocorreu na Europa, no Reino Unido e nos Estados Unidos. Aconteceu em épocas diferentes em lugares diferentes. Onde Oliveira Viana vê um conflito radical, eu vejo uma dinâmica em curso. Tomemos os Estados Unidos, que redigiram uma Constituição (1787) que preservou a escravatura, sendo que a Declaração de Independência (1776) expunha direitos que contradiziam a escravização. Depois de quase cem anos, essa dinâmica não se sustentou mais, culminando na Guerra de Secessão (1861-1865), que pôs fim ao cativeiro. Mas foi necessário ainda um século, até que, na década de 1960, os negros começaram a ter de fato o direito ao voto.

ACA: De qualquer maneira, os princípios republicanos são os mesmos. Mas a aplicabilidade e a capacidade de realização de tais princípios irão variar em função da sociedade. Independentemente da visão de mundo de Oliveira Viana, ele está correto ao afirmar que tentar aplicar princípios liberais em uma sociedade que não seja liberal resulta em uma política torta.

RJR: Isso aponta para o que muitos chamam, no Brasil, de déficit republicano. Mas talvez o problema não seja a "insolidariedade". O chamado "déficit" ocorre em lugares com alto nível de solidariedade. Por exemplo, há países africanos em que a solidariedade coletiva conta muito. Introduzir neles as instituições britânicas representou um enorme conflito entre elas e a realidade cultural desses países, algo que ainda hoje não está resolvido. E são sociedades em que a solidariedade é muito forte. O ex-presidente boliviano Evo Morales procurou uma solução para essa questão ao reconhecer, na sociedade boliviana, as especificidades das diferentes etnias, inclusive definindo tribunais distintos para cada uma delas, chamando seu país de Estado Plurinacional.

ACA: Eis um exemplo de visão republicana que talvez não ocorra no Brasil como deveria. Qual é a visão republicana do que é público? O público é de todos nós, e temos a responsabilidade de cuidar do que é público. No Brasil, o que é público não é de ninguém. O cidadão individualmente não se considera responsável pelo que é público. Se a rua está suja, a culpa é da prefeitura. Quem tem que cuidar do público é o governo. Não é uma atitude republicana, no sentido de que *res* + *publica* tem a dimensão de compromisso compartilhado com o que é público.

RJR: Fui professor visitante na Universidade de Columbia em Nova York e frequentava sua academia de ginástica. Aqui no Brasil, as academias têm funcionários responsáveis por limpar os aparelhos. Lá, não. Havia um recipiente com sabão líquido ao lado de cada aparelho, e o próprio aluno limpava depois de usar.

ACA: Nós, brasileiros, temos instituições republicanas? Sim. Mas temos uma dificuldade estrutural de sermos republicanos. Não somos republicanos? Ou somos menos republicanos? Se não somos, por que isso ocorre? É um problema?

RJR: Insuficientemente republicanos, diria eu. Não se trata apenas de instituições, mas de cultura, educação, valores. Trata-se de uma tarefa de longo prazo, que passa pela igualdade, ainda não existente em nosso país, e pelo reconhecimento de uma dimensão coletiva positiva, em que o espaço público não seja o lugar de jogar o lixo. É interessante que, logo depois da democratização do Brasil em 1985, o governo de Franco Montoro, em São Paulo, produziu um clipe para a TV Cultura que comparava a atitude de deixar o lixo na rua a lançá-lo na sala de sua casa – para mostrar que é importante o cuidado com o espaço público. Vários partidos, entre eles o PSDB e o PT, enquanto se alternaram no poder entre 1994 e 2014, se preocuparam com isso, mas a tarefa é árdua. O que você pensa, Alberto?

ACA: Uma coisa é o país legal, outra é o país real. Em meu livro *A cabeça do brasileiro,* mostro, por meio de uma pesquisa nacional sobre os valores enraizados de nossa sociedade, que a maioria da população não tem a visão de mundo de república idealizada pelos acadêmicos e professores universitários das áreas de ciências sociais. Assim, essas elites exigem algo que o Brasil não tem condições de entregar. É fato que a visão de mundo e os valores de uma sociedade mudam, mas é um processo muito lento. Em função de nossos valores sociais, o Brasil ainda não é uma república.

17.

Mídia e política

ALBERTO CARLOS ALMEIDA: Política: aquele assunto que todo mundo entende, ou acha que entende, como futebol. No Brasil, todo mundo é técnico de futebol. E cientista político. Ou acha que é.

RENATO JANINE RIBEIRO: É espantoso, sobretudo para nós que lidamos com política. A política é democrática, portanto, qualquer cidadão merece ter sua opinião respeitada. Claro. Mas há cientistas, pessoas especializadas, que estudam política em um patamar racional, científico – que nem sempre são devidamente consideradas. A ideia deste livro é justamente oferecer um conhecimento mais qualificado e acessível a todos.

Vamos abordar a política em sua relação com a mídia.

O que é mídia? Mídia é um termo que vem do inglês, plural de *medium*, ou seja, meio. Mídia é, então, uma forma abreviada de se falar "meio de comunicação".[1] Geralmente, usa-se a palavra "mídia" nesse sentido, como meio de comunicação. Como os meios de comunicação desempenham, na política, um papel na constituição do poder? Isso não é novo. E está estritamente ligado ao advento da imprensa, com meios de comunicação que discutem a política, surgidos a partir do século XV, quando Gutenberg inventa a imprensa, e desenvolvidos com maior intensidade no século XVIII, a partir da Revolução Americana e, sobretudo, da Francesa.

Uma palavra sobre estas duas. A Revolução Francesa se exporta mais do que a Americana, que acaba se fechando sobre si, especialmente no século XIX, quando os Estados Unidos desenvolvem a ideia expansionista e imperialista de um "destino manifesto", uma missão bíblica de liderar o mundo. Embora os Estados Unidos gostem muito de falar em seus valores e de dizer que exportam a democracia, na verdade sua veia imperial foi mais a da colonização do que a da emancipação dos outros povos. Tanto é assim que travaram uma longa guerra contra o Vietnã, apesar de a declaração de independência desse país citar a norte-americana. Já a Francesa, embora se expanda inicialmente pela guerra e pela anexação de territórios, deixa um impacto mundial maior.

Num certo sentido, os meios de comunicação substituem o papel que até então era desempenhado pelo clero. Antes da imprensa, era a Igreja que monopolizava o papel social de informar e socializar as pessoas em torno de uma informação. Primeiro, na Igreja católica, em que o padre tinha muito mais autoridade sobre os fiéis do que veio a ter o pastor protestante. Com o monge alemão Martinho Lutero (1483-1586), que lançou a Reforma Protestante, a Bíblia é traduzida do latim para as línguas pátrias, o que será um traço distintivo das sociedades protestantes. Em resumo: no catolicismo, a mídia, as informações e doutrinas transmitidas em latim pelo padre, eram inquestionáveis. No protestantismo, a mídia transmitida pelo pastor é discutida e debatida entre as pessoas. Aliás, até algumas décadas atrás, a Igreja católica proibia seus fiéis de ler as escrituras, exigindo a mediação do sacerdote na relação com Deus.

ACA: A história da alfabetização no mundo ocidental tem a ver com a Reforma Protestante. Com o dogma protestante de que todos têm que ler a Bíblia, a alfabetização se populariza. Claro que demorou muito tempo para que as pessoas fossem efetivamente alfabetizadas, mas começa a partir da Reforma, que abriu espaço para a alfabetização em massa. Algo que na Igreja católica não acontecia. Não haveria imprensa, não haveria mídia, se as pessoas não lessem minimamente.

RJR: E não haveria Reforma sem a invenção da imprensa algumas décadas antes. Trata-se quase da pré-história do que chamamos de mídia. Por quê? Qual a grande diferença entre antes e depois da Reforma Protestante? A diferença é que, até a Reforma, havia pensamento único, sem espaço para discussão. O protestantismo introduz o hábito da leitura, da reflexão e, mesmo com limitações, da discussão. Ao longo do tempo, com a imprensa e, sobretudo, com o jornal, há um salto qualitativo. Por exemplo, formam-se clubes de leitura na França para ler jornais e livros. As pessoas se reúnem para ler e discutir. Os meios de comunicação se tornam muito importantes, tanto para ajudar a consolidar o apoio a um governo quanto para disputar o poder.[2]

Depois da imprensa, dos jornais impressos, há o rádio e a televisão – cada um com seu momento de extrema relevância. Mais recentemente, há o impacto extraordinário das redes sociais: Facebook, X (antigo Twitter), Instagram e, com um papel diferente, o WhatsApp. Um artigo do *The New York Times* de 2019,[3] antes, portanto, da pandemia de Covid-19, conta como as ideias antivacina chegaram ao Brasil: pelo WhatsApp, através de vídeos e clipes compartilhados, um compartilhamento facilitado pelo fato de os dados para uso do WhatsApp serem ilimitados – proporcionando acesso ilimitado principalmente à camada mais pobre da população. Não à toa, nas eleições recentes, o WhatsApp teve um papel muito forte. Em 2018, Geraldo Alckmin, do PSDB, candidato com mais tempo de TV, nem sequer chegou ao segundo turno. A propaganda pela TV e rádio, embora boa, foi derrotada pela propaganda sem controle algum das redes sociais. Estamos vivendo uma mudança significativa no papel da mídia na política.

ACA: Como é que um partido consegue mobilizar aqueles que supostamente vão gostar de seu programa, do que ele defende para a sociedade? Por meio da mídia, por meio da imprensa. Hoje, por meio das redes sociais, a mídia do momento. Mas a mídia faz a cabeça das pessoas? Essa é a questão.

Um livro antigo, *Muito além do Jardim Botânico*,[4] interessado em investigar a influência do Jornal Nacional na vida das pessoas, concluiu que o telespectador não é uma chapa branca que simplesmente absorve tudo o que o jornal informa sem questionar. As informações oferecidas pelo jornal são filtradas pelo indivíduo de acordo com sua sociabilidade, lugares frequentados, pessoas com quem conversa, livros que lê etc. A mídia não faz a cabeça da pessoa e ponto-final. Por exemplo, muita gente acha que uma pesquisa de opinião, quando divulgada, influencia o voto e leva um candidato a vencer ou perder. Fiz pesquisas referentes a esse assunto, e nas que coordenei, incluí perguntas para medir o esforço cognitivo necessário para se considerar o resultado de pesquisas em sua escolha de voto. Conclusão? As pesquisas não influenciam o voto das pessoas.

Além disso, a mídia pode definir a agenda de um país? Há inúmeras teses de doutorado que calcularam os minutos de Jornal Nacional dedicados a cada candidato presidencial em ano de eleição – considerando também se eram minutos com valência positiva ou negativa, ou seja, falando bem ou mal de cada candidato. Conclusão? O Jornal Nacional tem um viés contrário ao PT. É dado científico. Mas o Jornal Nacional tem influência no resultado das eleições? Estudos científicos demonstram que não. Pode ter um porcentual de influência? Talvez. Mas não influencia o resultado final, ou seja, a vitória de um candidato ou a derrota de outro.

Por que estou falando sobre isso? Para relativizar. Não estou, simplesmente, dizendo que não há influência da mídia. Mas quero demonstrar, de acordo com os conhecimentos da ciência política, que o senso comum de que a mídia influencia completamente a cabeça das pessoas não é verdade. Existe uma opinião comum, por exemplo, e elitista, de que a mídia manipula principalmente as pessoas sem escolaridade. Também não é verdade. As pessoas podem não ter escolaridade, mas têm seus valores, suas crenças, não são bobas, ninguém nasceu ontem. Ou seja, a mídia não sai enganando a cabeça das pessoas, controlando-as como robôs. Existem muitos estudos, e evidência empírica abundante, de diversas épocas, mostrando que o resultado final, o desfecho de determinadas mobilizações, feito com a utilização da mídia, não necessariamente mudou a cabeça das pessoas. Esse é o ponto. A cabeça das pessoas não muda tão facilmente. O que a mídia faz é mobilizar as pessoas tais como já são.

Vamos usar como exemplo a emergência de Jair Bolsonaro. Bolsonaro mobiliza, por meio da mídia, o brasileiro tal como ele é. Qual brasileiro ele mobilizou? O brasileiro racista, preconceituoso. Mas a mídia não tornou essas pessoas racistas e preconceituosas. Elas já eram assim. A mídia, na política, permite a comunicação com muitos indivíduos, em vez de se comunicar com poucos.

RJR: Essa é uma diferença enorme. O racismo e o preconceito poderiam nunca vir à tona, nunca serem mobilizados. Há formas de mobilização democráticas, mais racionais, mais iluministas talvez, e há formas manipuladoras, que utilizam mentiras o tempo todo.

As pessoas são um papel em branco? Não. Mas a relevância do tipo de mobilização parece significativo. Mobilização pela mentira não é democracia.

ACA: Outro ponto relevante, que ocorre em muitos países no mundo, é a propriedade familiar de conglomerados de mídia. Aliás, o jornalismo político segue a linha editorial definida pela família proprietária. Não é exclusividade do Brasil.

RJR: Sim, a Rede Globo, por exemplo, teve no Brasil um poder gigantesco durante a ditadura, e depois. O famoso debate entre Lula e Collor, em 1989, foi editado para realçar os melhores momentos de Collor e os piores de Lula. Entretanto, desde 1998, com a segunda eleição de Fernando Henrique Cardoso, nenhum candidato apoiado pela Globo ganhou as eleições presidenciais no Brasil. Bolsonaro não era o candidato preferido da Globo. A Globo se engajou no processo de impeachment de Dilma, mas desde o primeiro mandato de Lula já fazia acusações de corrupção ao PT. Mesmo assim, seu candidato preferido, entre 2002 e 2014, que seria o do PSDB, perdeu todas. Ela precisou de muitos fatores a mais para conseguir tirar o PT do governo.

ACA: Incluindo a crise econômica durante o segundo mandato da Dilma. Se a economia vai bem, dificilmente ocorre um processo de impeachment.

RJR: Com certeza. Mas o ponto interessante é que a Globo perdeu a posição de liderança indiscutível. As redes sociais permitem que todo mundo se torne emissor de comunicação. Este fato tem um lado positivo – democratiza a emissão de ideias e informações –, mas, ao mesmo tempo, permite o descontrole da propagação de mentiras que, na escala industrial das *fake news*, acabam influenciando as pessoas.

No meu livro *A pátria educadora em colapso*, no qual trato de minha experiência como ministro da Educação, conto um episódio interessante. A Globo fez um especial atacando o Programa Ciência sem Fronteiras.[5] Horas depois, uma das entrevistadas, residente, se não me engano, no Tocantins, publicou nas redes sociais que ela tinha sido, sim, entrevistada, mas que elogiara o Ciência sem Fronteiras, apontando apenas, no decorrer de uma hora de conversa, um pequeno problema – e que o pequeno problema foi o único ponto aproveitado de seu longo depoimento. No dia seguinte, o *post* dela tinha dezenas de milhares de compartilhamentos e a Globo teve que se retratar. Eu me pergunto: sem as redes sociais, isso teria acontecido? Ela teria mandado uma carta, um fax, dado um telefonema? A TV poderia muito bem ignorá-la. Hoje, isso não é mais possível.

ACA: Sim, as redes sociais permitiram a descentralização da informação. Este livro, que é produto de um curso on-line, é exemplo disso. Com certeza.[6] Os Estados Unidos descentralizaram a mídia há muito tempo, com uma lei que impediu qualquer veículo de mídia de concentrar mais do que 1/3 do mercado. Há o debate de regulação da mídia no Brasil, que até hoje não se cumpriu. De qualquer maneira, a internet fez esse papel, descentralizou o poder midiático. Aliás, sobre a descentralização generalizada do poder, recomendo fortemente a leitura de *O fim do poder*.[7]

18.
As instituições estão funcionando?

ALBERTO CARLOS ALMEIDA: O que são instituições? Como funcionam? Elas estão funcionando?

RENATO JANINE RIBEIRO: Sobre as instituições, o Alberto tem uma visão mais favorável do que a minha – acerca de seu papel moderador, civilizador e democrático. Mas, de qualquer forma, começo pela história. Na Grécia Antiga, o filósofo Aristóteles (384 a.C.-322 a.C.) questiona o que é melhor: ser governado por boas leis ou por bons reis? A questão chega até os dias de hoje: ser governado por boas instituições ou bons governantes? Claro que, quando Aristóteles fala em leis, ainda não existem instituições assim como as conhecemos. Na Idade Média, a cristandade tematiza o problema dos maus governantes: ditadores, tiranos (nem falarei em não democráticos, porque mal existe democracia nesse tempo). A pergunta que surge é: e se a sociedade depara com um governante ruim, louco, perverso, mau? Que mecanismos pode haver para resolver essa ameaça à vida coletiva? Não existe um caminho certo. Na Idade Média, havia alguns mecanismos bastante fluidos de limitação do poder do rei: os Estados Gerais, na França; as Cortes, em Portugal e Espanha; os Parlamentos, nas Ilhas Britânicas. Órgãos eleitos que, de alguma forma, poderiam destituir o rei. (O absolutismo é mais tardio, surge na Idade Moderna.) Mas não havia um itinerário institucional bem definido. Em alguns casos, o Estado poderia virar uma grande bagunça. Ocorrem deposições. Bem no limite, apela-se ao tiranicídio, isto é, mata-se o mau rei, o tirano.

O medo do caos leva os Estados modernos a desenhar trajetos institucionais muito bem delineados. A Constituição dos Estados Unidos, por exemplo, define a possibilidade de impeachment. Passa a haver um roteiro escrito para tirar alguém do poder – seja no parlamentarismo, seja no presidencialismo, cada um aos seus moldes. Com a quantidade de atribuições e responsabilidades do presidente, será péssimo ele se revelar insano, criminoso ou simplesmente um mau governante. Nessas situações, entram as instituições – o Legislativo, o Judiciário, o Tribunal de Contas, o Ministério Público e até a sociedade civil, em casos de associações com presença social forte, como a Ordem dos Advogados do Brasil (OAB) e a Sociedade Brasileira para o Progresso da Ciência (SBPC), por exemplo –, sendo que as instituições estatais foram construídas ao longo dos tempos para limitar o poder de um governante. Lembremos só que a destituição do presidente é exceção; o correto é ele cumprir seu mandato, de quatro, cinco ou seis anos; já a do primeiro-ministro, no parlamentarismo, faz parte da ordem das coisas.

Tivemos, à época dos diálogos travados para compor este capítulo, um presidente da República, Jair Bolsonaro, eleito com a promessa de "acabar com tudo o que está aí". Ele disse, no início do mandato, em uma visita aos Estados Unidos, que não tinha agenda construtiva, que seu objetivo era começar destruindo. De fato, destruiu muita coisa. Na educação e na saúde, muitas iniciativas foram destruídas, embora alguns limites tenham sido impostos. Mas conseguiu eleger seus candidatos à presidência da Câmara e do Senado. Mesmo ao perder as eleições, em 2022, seus simpatizantes fizeram a maioria nas duas casas do Congresso. Ao longo de seu mandato, muita gente receava que ele desse cabo da democracia no Brasil, como Trump tentou nos Estados Unidos. Alberto pensava e pensa que não: que o fato mesmo de Bolsonaro ter precisado firmar um acordo com o chamado "Centrão", massa amorfa de parlamentares interessados em alcançar seus objetivos independentemente do governo do momento, era e é indício de que as instituições estão funcionando. Vamos ouvi-lo.

ACA: Defendi publicamente, durante todo o governo Bolsonaro, que as instituições funcionaram sem cessar. Mas, para avançar sobre o assunto, preciso esclarecer o que quis dizer com isso: sempre pensei nas instituições legalmente constituídas, nos poderes do Legislativo, Executivo, Judiciário e nas demais instituições de controle. Além disso, também é necessário demarcar o contexto temporal, o meu diálogo foi com as pessoas que afirmavam que as instituições estavam funcionando até o dia em que Bolsonaro assumiu a presidência e, depois, deixaram de funcionar. Há quem considere que as instituições já não estavam funcionando quando houve a deposição de Dilma Rousseff. Pode ser. Podemos discutir isso adiante. Mas qual é o meu ponto? É que elas nunca deixaram de funcionar, nem antes, nem durante, nem depois do governo Bolsonaro. Em primeiro lugar, é necessário questionar: como se avalia o funcionamento das instituições? O que as instituições brasileiras prometem entregar? Se entregam o que prometem, elas funcionam.

Em resposta a essas questões, o sistema político brasileiro entrega um poder dividido. É o que as instituições brasileiras prometem entregar. Elas empurram o sistema para a tomada de decisões minimamente consensuais. Isso ocorre atualmente? Sim. Ocorreu durante o governo Bolsonaro? Sim. Então, as instituições nunca deixaram de funcionar.

Outro ponto é que, para funcionar, elas precisam ser agnósticas. Precisam levar a decisões que me deixem satisfeito e insatisfeito ao mesmo tempo. Se as decisões me deixam plenamente satisfeito o tempo inteiro, as instituições não são instituições, são meu partido político.

Outro critério ainda é que as instituições são seculares. Respondem a outro ritmo de tempo, mais lento. Sua atuação não pode ser mensurada como na Bolsa de Valores. Precisam ser avaliadas em um período longo, porque são vagarosas. Não são indivíduos. A tomada de decisão é lenta. É assim que elas funcionam.

Considerando todos esses pontos, quando se olha para a realidade atual do Brasil, ou para seu passado recente, as instituições nunca deixaram de funcionar porque sempre entregaram exatamente o que propunham entregar: decisões consensuais a partir de um sistema de poder dividido.[1]

Mas são democráticas? Para serem democráticas, as instituições precisam expressar a vontade, a cultura e os valores da maioria. Isso acontece no Brasil? Também. Inclusive quando as instituições tendem a não respeitar as leis. Porque é expressão dos valores da sociedade brasileira. As instituições não são um espelho da Constituição. A Constituição pode, inclusive, não refletir bem a maioria da população. As instituições espelham o povo. Respondem aos desejos da sociedade, que, muitas vezes, não serão os meus ou os seus, mas serão os de alguém.

Claro, não estou dizendo que as instituições são perfeitas e milagrosas. Mas que, dentro do contexto e dos critérios descritos, elas nunca deixaram de funcionar no Brasil.

RJR: Eu divirjo de você ao colocar a democracia nas instituições. Na verdade, enxergo as instituições como meios. Penso que você teria mais razão na vigência da Constituição de 1946, que começava com a definição dos órgãos do Estado, o papel dos três poderes, e, no fim, entravam os direitos humanos. Nossa Constituição atual, inspirada talvez na Constituição portuguesa de 1976, adotou o contrário. Ela começa pelo que o Brasil quer ser, pelas metas da República Federativa do Brasil, criadas para erradicar a pobreza, ter relações internacionais pacíficas e não ingerências etc. E depois elenca os direitos humanos no artigo quinto, que são cláusulas pétreas, ou seja, inalteráveis. O que isso quer dizer? Que enquanto a Constituição anterior era altamente institucional, a atual é um projeto de sociedade. Há um projeto de sociedade que se deseja alcançar, e as instituições precisam funcionar como meios de realização desse projeto. São essas metas que foram reduzidas desde o governo Temer e combatidas com veemência pelo governo Bolsonaro. A nossa democracia não está simplesmente no jogo das instituições, a nossa democracia estabelece as metas, a maneira como o Brasil livremente, na Constituição de 1988, decidiu ser. Se essas metas são combatidas, e as instituições não funcionam para impedir uma trajetória política contrária ao cumprimento dessas metas, elas não estão funcionando.

Em outras palavras, a Constituição brasileira é a chamada Constituição Programática. Nem toda constituição é assim. Mas a nossa é. E os poderes do Estado funcionam como meios pelos quais a sociedade se dota de um aparato para governar, administrar e aplicar as leis e a Justiça.

Se União, estados e municípios não cooperam mutuamente, é um desastre.[2] Um governo não pode agir contrariamente ao projeto de país descrito pela Constituição. Por exemplo, a legislação prevê determinada missão para a Fundação Palmares, mas o Governo Federal de Bolsonaro nomeou para a sua presidência alguém contra essa missão. O então presidente da Fundação não perdia a ocasião de falar mal de

Zumbi dos Palmares (1655-1695). Outro exemplo: a Fundação Casa de Rui Barbosa é voltada à pesquisa acadêmica, mas o mesmo governo escolhera uma presidente sem o perfil para dirigi-la e que, à época, levou a Fundação a outra direção. É complicado dizer que há respeito à legislação. Veja o que o artigo quarto da Constituição diz sobre as relações internacionais do Brasil e perceba que o governo Bolsonaro o desrespeitou sistematicamente, por sinal, para forte descontentamento dos quadros diplomáticos brasileiros.[3]

Naqueles quatro anos, ocorreu algo muito ruim, depressivo, que reduzia o valor do país. Houve constantes violações da Constituição e das leis, e isso sem possibilidade de remédios rápidos. Quando muitos diziam que as instituições não estavam funcionando, inclusive eu, é porque elas funcionaram mais burocraticamente – se reunindo, votando vantagens para si próprias –, mas não efetivamente, para impedir as violações em curso. Seu papel crucial, fazer a Constituição funcionar, foi menos cumprido do que devia.

Aqui, duas observações quase contraditórias. Primeira, talvez nossa arquitetura institucional dependa, para funcionar, de um presidente muito capaz. Fernando Henrique e Lula foram dois grandes líderes capazes de criar grandes consensos. Dilma[4] não foi. Temer simplesmente agia para não perder o cargo: já não havia um projeto para o Brasil. Segunda, a Constituição e as instituições não bastam, nem mesmo para cumprir aquela, se não houver uma cultura democrática arraigada. Quando se aceita, como ocorreu em 2015 e 2016, dar uma série de jeitinhos na arquitetura constitucional para tirar uma presidente impopular, é porque a compreensão do que é a legitimidade democrática deixa muito a desejar. A partir daí se torna possível um governo, como o de Bolsonaro, desrespeitar sistematicamente os primeiros artigos e os últimos capítulos da Carta Magna, justamente aqueles que dizem o que o Brasil quer e pretende ser.

Finalmente, temos o problema de que nossas instituições de governo talvez não estejam tão comprometidas com a Constituição. Talvez não estejam à altura da Constituição. Talvez tenham outros interesses. Tanto é assim que o fim desse capítulo ruim de nossa história, com a eleição de 2022, só foi escrito graças a uma única pessoa. Claro, pode-se dizer que o Judiciário, e em especial o Tribunal Superior Eleitoral, assegurou a lisura desse pleito. Mas, na verdade, não foi a instituição, mas uma única pessoa, o ministro Alexandre de Moraes. Ele merece nossos elogios, por ter coibido a fraude que se avolumava – mas foi ele, não o sistema, quem barrou o golpe. Precisamos não depender tanto de uma pessoa, por mais corajosa e íntegra que seja.

ACA: Os sistemas políticos, e isso aconteceu nos Estados Unidos e no Brasil, vêm permitindo a entrada e o protagonismo de pessoas, digamos, de fora do sistema, como Donald Trump e Jair Bolsonaro. Se não completamente de fora do sistema, gente que nunca pertenceu aos níveis mais elevados da elite política. Bolsonaro foi por quase três décadas um deputado do *baixo clero*. É um problema. Como impedir? Não sei. Faz sentido impedir? Não sei. O fato é que outros países têm conseguido filtrar melhor a entrada de pessoas assim no sistema político. O Brasil é muito suscetível por causa da grande quantidade de partidos. Reduzindo a quantidade de partidos, acredito que conseguiremos evitar a emergência de figuras como Collor e Bolsonaro.

De qualquer maneira, as ações do governo Bolsonaro contrárias ao projeto de país desenhado pela Constituição não duraram muito. O tempo passou e houve alternância de poder, que só foi possível porque as instituições (democráticas) nunca deixaram de funcionar.

19.

Conservadorismo

ALBERTO CARLOS ALMEIDA: O que é o conservadorismo e o que é ser conservador? Tentaremos compreender minimamente do que se trata a mentalidade e a doutrina conservadoras.

RENATO JANINE RIBEIRO: Exatamente. "Conservador" não é um termo que chega a atrair multidões. Por quê? Porque vivemos em uma sociedade que muda muito rapidamente. As pessoas gostam de mudança. As pessoas gostam de liberdade. E tanto "mudança" quanto "liberdade" não são palavras comuns ao vocabulário conservador. Menos ainda "revolução".

Os conservadores tendem a resistir a mudanças sociais. Ou seja, querem "conservar" o mundo como ele é. O ponto principal do conservadorismo é o princípio – ou, dizem eles, a "constatação" – de que as coisas como estão são melhores do que se passarem por alguma mudança brusca. O conservador não repele toda e qualquer mudança. O que ele contesta são mudanças bruscas e radicais. Entende que, se as coisas são como são, é porque foram testadas ao longo do tempo. O conservador acredita na tradição; que a tradição, com o tempo, gerou o ajuste do mundo como ele é. Em resumo, acredita que há uma sabedoria dos tempos.

O Partido Conservador inglês é o pai de todos os conservadores. Os Tories surgem no final do século XVII, em meio à querela sobre a sucessão ao trono de Carlos II, que já comentamos anteriormente. Acrescentemos apenas que, quando conservadores e liberais se unem para depor o rei Jaime II, eles fundamentam sua deposição com base na *ficção* de que ele teria abdicado em função de seus atos, ainda que não em palavras. Vejam, não havia nem há, na ordem constitucional inglesa, uma forma legal de destituir um rei. Por isso, afirmou-se que ele teria abdicado, ao romper um "contrato original" com seus súditos, ao violar "as leis fundamentais" do reino (uma formulação vaga, porque aquele país não tinha, nem tem, uma Constituição como as demais nações do mundo vieram a ter e hoje têm) e, finalmente, "ao retirar-se do reino". Essa ficção permitiu que os conservadores, maioria na Casa dos Lordes, aceitassem a mudança de governo, mas também os manteve no poder por vários anos ainda.

É importante frisar que ser conservador não é ser reacionário. Reacionário é quem quer recuar. Por exemplo, quando o ex-presidente Bolsonaro disse – entre os dois turnos da eleição de 2018 – que iria recuar em cinquenta anos os costumes e a segurança pública. Isso não é conservadorismo, é reacionarismo. Ser conservador, na verdade, significa valorizar uma experiência longa, acumulada e boa. Mas, quando alguém fala em pautas conservadoras na sexualidade, nos costumes, é preciso conferir. Será que são conservadoras de fato? Ou reacionárias? A homossexualidade é atestada há milênios. Rejeitá-la é ser conservador? A meu ver, se o teste for o do tempo, ela passou por ele. Condená-la é reacionarismo.

ACA: Na série *The Crown*, a rainha e seu consorte muitas vezes expressam o cerne do ideal conservador. Quando o tio da rainha Elizabeth abdica do trono, dizem: "Ele foi egoísta, pensou na vontade dele, não pensou na Coroa, na nação." Este é um argumento conservador: de valorização das instituições, da ordem, da tradição. Em detrimento, inclusive, dos desejos individuais.

A principal tensão entre o pensamento conservador e o progressista é que, em seu desejo de melhorar o mundo, o progressista aceita o risco de causar desordem, enquanto o conservador acredita que a melhoria de vida das pessoas ocorre naturalmente, com a manutenção do *status quo* e sem mudanças bruscas, mantendo a ordem, que existe inclusive para proteger os mais fracos. Ir contra a ordem pode piorar a realidade em vez de melhorá-la.

O filósofo inglês David Hume (1711-1776) chama a atenção para a importância da utilidade pública. Ele diz que as instituições existem devido a um acordo social que lhes confere utilidade pública.[1] A instituição da família, por exemplo, é o melhor arranjo possível que existe – esse é o fundamento do conservadorismo. Família, religião e Parlamento são instituições que mantêm em ordem a sociedade. Isso é extremamente relevante para o conservador: a ideia de que há um todo acima do indivíduo. E que o indivíduo deve se submeter ao todo em prol do bem comum público. Inclusive, em prol da ordem e da submissão à ordem, o pensamento conservador defende algum grau de repressão, entendida como um direito humano, no sentido de ser necessária para assegurar a ordem social. Se as pessoas não mantêm a ordem, seja porque deixaram de aderir à religião ou a outros valores, seja porque não respeitam mais as instituições e as autoridades, se buscam o tempo inteiro subverter as regras, diz o conservador, nosso caminho, o caminho da sociedade será a decadência e a entropia.

RJR: A Revolução Francesa produz a Declaração dos Direitos do Homem e do Cidadão. A reação conservadora, após a queda de Robespierre em 1794, a substitui por uma Declaração de Direitos e Deveres, que data de 1795. Esse é um ponto importante. Podemos dizer que faz parte do mundo progressista – e, em certa medida, do mundo liberal – a confiança na natureza humana. Já no mundo conservador, é relevante a punição, como parte de um sistema de pensamento que confia menos na natureza do homem. A punição é vista como ferramenta importante para a manutenção da ordem. Por isso tanto se usa o medo ao "inferno", como instrumento pedagógico de obediência civil. As pessoas, durante muito tempo, respeitaram as leis basicamente por causa do medo de irem para o inferno. A partir do século XVII, aproximadamente, o medo do inferno diminui. Cada vez menos as pessoas creem no inferno. Mas quantos políticos afirmam publicamente que não acreditam em Deus? Poucos. Por quê? Porque o conservadorismo defende a ideia, ainda predominante, de que ser ateu significa ser imoral e indecente. Na verdade, quando estudei Thomas Hobbes, o grande filósofo inglês do século XVII, compreendi que ele foi atacado por um bispo não porque não acreditasse em Deus (o que não se sabe se era verdade ou não), mas porque seu trabalho intelectual enfraquecia o medo do inferno.

ACA: Há uma pesquisa do *The Economist* que referenda o que você acabou de pontuar – que os parlamentares se dizem mais religiosos do que a população em geral é. Percentualmente, as pessoas se dizem menos religiosas dos que os parlamentares.[2]

RJR: Temos no Congresso Nacional quase seiscentos parlamentares; na legislatura passada, apenas um deputado se dizia homossexual, Jean Wyllys, do Partido Socialismo e Liberdade (PSOL). Hoje, há apenas um senador LGBTQIAPN+, Fabiano Contarato (PT). Esse é um porcentual baixíssimo, se comparado ao restante da sociedade. Se aproximadamente 10% da população é gay – trata-se mais de uma especulação do que de um dado –, isso significa que não há representação dessa parcela da sociedade no Parlamento ou, mais provavelmente, que muitos parlamentares escondem sua orientação sexual por medo da reação dos eleitores conservadores. Ou, talvez, reacionários. Porque as populações LGBTQIAPN+ também podem ter seu quinhão de conservadorismo.

O conservadorismo tende a focar demais a sexualidade. Por quê? Embora a sexualidade seja uma das práticas humanas mais prazerosas, várias religiões procuram subordiná-la estritamente à procriação, propagando a ideia de que o sexo apenas pelo prazer é errado. Isso faz parte de um pacote conservador, fundamentado na ideia de que a natureza humana precisa ser constantemente reprimida. Inclusive o prazer.

Mas não precisa ser assim. O escritor e historiador israelense Yuval Harari sustenta que, se é natural tudo o que acontece, ser homossexual também é. Se não fosse natural, ninguém sentiria desejo por alguém do mesmo sexo. É o que ele defende, utilizando a própria lógica do pensamento conservador, que se baseia na ideia de realidade construída pela sabedoria dos tempos. Não à toa, hoje, há muitos conservadores homossexuais. Por quê? Mesmo na matriz de pensamento conservadora, a sociedade muda. E muda mesmo. A família real inglesa apenas aparenta conservar práticas milenares. Mas, se olhar bem, ela mudou. Porque tudo muda.

ACA: Você chamou a atenção para um ponto interessante: a repressão ao prazer. Não apenas a sexualidade é reprimida pelas religiões, mas também a alimentação é controlada. É outra fonte de prazer. Ambas têm a ver com o que entra e sai do corpo. Principalmente no passado, antes dos medicamentos disponíveis atualmente, tanto a alimentação quanto a sexualidade eram fontes de inúmeras doenças. Restringir ambas servia como proteção da vida humana, pela perspectiva religiosa.[3] A Bíblia inteirinha é um manual de regras de comportamento, como também é o Alcorão. As religiões se propunham a organizar a cooperação e, portanto, a vida em sociedade. O deus monoteísta moral surge quando as sociedades aumentam e se tornam populações agrícolas formadas por um grande número de pessoas e, nesse contexto, a religião contribui para a organização e coesão das sociedades, sobretudo através da repressão do egoísmo individual em prol de um bem comum, algo basilar para o pensamento conversador.

RJR: Como o casamento arranjado. Algo muito conservador. E ainda comum em algumas sociedades de forte teor religioso. Para nós, parece assustador. Mas qual o fundamento por trás dessa prática? Que as famílias, enquanto instituições conservadoras, estão mais aptas a escolher uma esposa ou marido para os mais jovens. Isso fortalece a sociedade. Ainda que exija a abdicação do desejo individual. Está certo? Aos olhos da nossa sociedade atual, baseada em princípios liberais ocidentais, não. Mas há um princípio conservador por trás dessa prática, como há muitos princípios conservadores por trás de muitas práticas da sociedade cristã ocidental.

De todo modo, a verdade é que, de alguma forma, somos atravessados pela mentalidade conservadora. Assim como também pela mentalidade liberal, que veremos a seguir.

ACA: O conservadorismo, assim como o liberalismo e o progressismo, é, sobretudo, uma maneira de encarar o mundo.

20.

Liberalismo e neoliberalismo

ALBERTO CARLOS ALMEIDA: Liberalismo e neoliberalismo – tema que desperta muitas paixões e controvérsias. Vale a pena começar ressaltando um dos elementos de força do liberalismo, ou do capitalismo, enfim, da economia de mercado, que está intimamente relacionado com a política: o empreendedor individual pode ficar com o lucro de sua atividade. No capitalismo, há um Bill Gates, um Jeff Bezos. No comunismo, não há. Por quê? Por mais que um empreendimento prospere, o empreendedor não vai ficar rico. Esse é um elemento importante de distinção entre os dois modelos de sociedade – capitalismo e comunismo –, que ajuda a compreender o liberalismo: basicamente, trata-se de uma economia baseada no livre mercado e no direito de enriquecer.

RENATO JANINE RIBEIRO: Sim. Mas a grande diferença entre liberalismo e neoliberalismo é que o primeiro vai muito além da economia. Embora difícil de ser datado exatamente, pode-se dizer que o liberalismo teve como primeiro expoente, enorme pensador, o filósofo inglês John Locke (1632-1704), no fim do século XVI, e tem a ver, sobretudo, com a conquista de direitos civis; ou seja, com a liberdade não apenas de mercado – enquanto o neoliberalismo está estritamente associado a um modelo de economia de livre mercado.

E o que são direitos civis? Eles surgem vinculados à ideia do *proprietário*. Um homem livre é, por excelência, dono de si próprio – os homens podem negociar a sua força de trabalho como bem entenderem. O liberalismo surge associado a essa ideia, a primazia da liberdade do indivíduo. Em função dos direitos civis, outros direitos surgem: o de expressão, de compra e venda, de organização, de educação etc.; e os direitos humanos de maneira geral. Mas a ideia mestra de Locke era que os homens não deveriam estar sujeitos ao arbítrio de ninguém, seja do Estado, seja de outra pessoa ou organização.

Parece óbvio para nós, mas não o era na Idade Média nem no começo da Era Moderna, quando surgiram as monarquias absolutas baseadas no direito divino do rei.[1] Com a mudança, o capitalismo se estrutura a partir da noção de propriedade privada e liberta as forças produtivas. Se antes era difícil vender uma terra, ou mudar sua forma de cultivo, a partir desse momento, passa a ser fácil. Uma pessoa sozinha detém a propriedade e faz dela o que quiser. Assim surge o liberalismo: a partir da noção de liberdade civil e, por consequência, de liberdade econômica.

Mas o liberalismo não é apenas uma doutrina econômica. É uma doutrina ética, política, jurídica e constitucional. Aquele ser humano concebido à imagem de um proprietário é um ser humano com inúmeros direitos. Cada indivíduo deve poder florescer de acordo com suas capacidades, como quiser. Esse é um ideal liberal que muitas vezes passa despercebido: a igualdade de oportunidades. Uma sociedade como a brasileira, com profunda desigualdade de oportunidades, não pode ser considerada liberal.

Assim, cotas de acesso ao ensino público constituem uma ação liberal, que visa a oferecer igualdade de oportunidades. Por quê? Porque é uma política pública para promover a igualdade de concorrência. O liberalismo enfatiza o direito de concorrer em situação de igualdade. Inclusive porque, sem incentivo às oportunidades, as vocações individuais não se desenvolvem e, por consequência, a economia não cresce – uma preocupação liberal, fazer o capitalismo render mais.

Hoje, no Brasil, muitos se dizem liberais sem defender a igualdade de oportunidades, priorizando a liberdade de propriedade. Talvez isso tenha alguma origem também em Locke, que valida a escravidão, como punição por crimes. Mas o liberalismo evoluiu; expandiu a noção de liberdade de propriedade para outras liberdades não necessariamente de natureza econômica – liberdade de expressão, de organização, de igualdade e política.

ACA: Em essência, o liberalismo sempre teve a preocupação de controlar o poder absoluto. É o que está por trás dos diferentes direitos conquistados a partir dos ideais liberais sintetizados por Locke, Rousseau e Montesquieu (1689-1755) – direito à propriedade (de certa forma, um direito contra o Estado, que impõe limites ao poder público diante da propriedade privada); direito a fazer parte do Estado e direito à insurreição, de poder contra o poder. Em resumo, o liberalismo nasce para limitar o poder – a partir de uma burguesia emergente que, contra os proprietários rurais e a nobreza, decide agir para limitar o poder do Estado, dando origem aos direitos que o Renato descreveu. O liberalismo inspira toda uma ideologia e uma engenharia institucional de controle de poder e de garantia das liberdades individuais.

RJR: É justamente a garantia das liberdades individuais que acaba por gerar desigualdade. Juridicamente, as pessoas são iguais, patrão e empregado, mas na hora de celebrar um contrato, um precisa mais do outro. Quem? O empregado, que acaba submetido a uma situação social de desigualdade. Ou seja, são iguais juridicamente, mas desiguais de fato. Há outro ponto relevante em relação aos direitos liberais surgirem para limitar o poder do Estado, conforme Alberto salientou: isso ocorreu principalmente nos primórdios do liberalismo, contra os Estados monárquicos absolutistas. Com o tempo, o Estado muda, os liberais passam a assumir os governos, e o Estado liberal passa a funcionar basicamente para fazer cumprir contratos. Isso gera um problema, a ausência de políticas públicas para solucionar questões sociais.[2] No liberalismo, na prática, há pouca ou nenhuma solidariedade.

O neoliberalismo, por sua vez, é um termo que emplaca entre os anos de 1970 e 1980, associado ao governo Reagan nos Estados Unidos, ao de Margaret Thatcher na Inglaterra e ao do general Augusto Pinochet no Chile. Está vinculado ao chamado Consenso de Washington, que remete a um artigo importante do economista John Williamson (1937-2021).[3] O que ele defendia? Que o Estado se afastasse o máximo possível: com a privatização das empresas estatais; desregulamentação das relações de trabalho; abertura comercial e redução dos controles públicos ao mínimo. Nesse sentido, ele pregava a volta aparentemente de certos aspectos do liberalismo antigo, pré-Segunda Guerra Mundial, em que o Estado existia basicamente para fazer cumprir contratos – que cedeu lugar ao Estado de bem-estar social diante das necessidades que os conflitos do século XX impuseram, de reconstrução da Europa e da economia global.

Por volta das décadas de 1970 e 1980, os neoliberais afirmam que aquele Estado de bem-estar social pós-Segunda Guerra precisa acabar, que o mundo chegou a uma crise de produção, que as forças produtivas estão sendo retidas em função da burocracia e do controle do Estado. O neoliberalismo é, sobretudo, um projeto econômico com menos empenho ético que o liberalismo clássico, alegando que ninguém pode ser ajudado pelo Estado. Bill Clinton elimina a Previdência Social "tal como a conhecemos", nos Estados Unidos; Margaret

Thatcher determina que os municípios britânicos fixem impostos iguais para todos os habitantes, ricos e pobres – empobrecendo obviamente as cidades. Os neoliberais acreditam que se deva cobrar menos dos mais ricos para incentivar o espírito empresarial. Essa corrente de pensamento traz grandes problemas para o Estado e para a manutenção de serviços públicos básicos, como saúde e educação. Não estou dizendo que o neoliberalismo é a encarnação do mal. Estou apenas tentando apresentá-lo como é: um projeto de economia que pretende liberar as forças produtivas – e limitar o Estado, por entender que sua atuação prejudica a produtividade na sociedade.

O ponto comum entre liberais e neoliberais é a convicção de que, liberando as forças do indivíduo, ele pode florescer. Para os neoliberais, isso tem valia sobretudo no plano econômico – daí, sua frieza ante os problemas sociais. Mas, no liberalismo propriamente dito, o ser humano não é apenas *oeconomicus*. Ele pode crescer muito, se tirarmos as ervas daninhas do seu caminho – mas atenção, não cabe ao político-jardineiro orientar seu crescimento. Ora, quais são essas ervas daninhas? Obviamente, o Estado é uma delas. Mas também pode ser a Igreja ou a família. Se cada um deve florescer a seu modo, qual o problema de alguém ser homossexual? Nenhum. Por isso mesmo, quando alguém se diz liberal na economia e conservador nos costumes, podemos saber que essa pessoa nem sabe o que é liberalismo, da mesma forma quando alguém se opõe a medidas públicas adotadas em prol da igualdade de oportunidades.

ACA: Margaret Thatcher foi fundamental no contexto de surgimento do neoliberalismo. Ela propagou uma frase muito famosa: "Não existe isso que chamam de sociedade, existem indivíduos, homens e mulheres, e existem famílias." A frase sintetiza o que é a ideologia neoliberal, baseada na visão de mundo em que os indivíduos são explorados pelo governo. É o que os neoliberais pregam. Na Grã-Bretanha de Thatcher, o neoliberalismo surge quando o país passava por uma crise profunda e grande parte da sociedade passou a se sentir refém dos sindicatos. Thatcher aparece como solução em oposição ao Partido Trabalhista. E governou com mão de ferro. É o que muitos afirmam: o neoliberalismo necessita de um governo forte, como o de Pinochet (1973-1990) no Chile.

RJR: Pinochet conseguiu adotar a política neoliberal porque era um ditador; Thatcher porque era uma líder autoritária, que mandou e desmandou em seu partido.

O neoliberalismo pressupõe que toda e qualquer gestão privada é melhor que toda e qualquer gestão pública ou estatal. Dentro do espírito puramente neoliberal, não existe limite para o que possa ser privatizado. O neoliberalismo adota políticas muito duras. Nesse sentido, os neoliberais são mais radicais do que os liberais históricos – é a principal distinção entre as duas doutrinas.

21.
Orçamento público e democracia

ALBERTO CARLOS ALMEIDA: Impostos, receita, despesa. De que maneira o orçamento público e a democracia se relacionam? O orçamento é uma peça-chave em qualquer país, que diz respeito à gestão do governo. É possível identificar as forças políticas de um país por meio do orçamento. Para onde são destinados os recursos? As respostas permitem analisar politicamente uma sociedade.

RENATO JANINE RIBEIRO: Falar sobre orçamento e democracia exige voltar um pouco no tempo. Um notável historiador inglês, Perry Anderson, que, por sinal, conhece o Brasil profundamente, comenta que o Estado surge a partir de um comandante, alguém dotado de força militar, que reúne um grupo e domina certo território. Sem justificativa moral.[1] Simplesmente assim: alguém que pode porque pode passa a governar. Domina um determinado território, às vezes pequeno, que, aos poucos, se expande, conforme aspectos necessários para o crescimento de um Estado são atendidos. Entre esses aspectos, está o controle das rotas comerciais. Foi assim na Mesopotâmia das civilizações antigas, por exemplo. O controle dessas rotas foi essencial para o surgimento e a manutenção dessas sociedades. Ora, o que isso tem a ver com nosso tema? A não separação entre o que hoje chamamos de público e privado. Demora milênios para haver distinção clara entre o dinheiro do governante e o do Estado. Ainda que já existissem os impostos. Ou seja, pagavam-se impostos, mas por muito tempo o valor arrecadado poderia ser utilizado tanto para construir pontes ou organizar um exército, quanto para fazer a manutenção de um palácio, pagar a comida do rei ou presentar uma de suas amantes. Educação? Saúde pública? Investimentos no bem-estar social? Não havia. Ao longo de milênios, as sociedades existiram assim. Sem distinção clara entre o dinheiro público e o privado.

Em um pequeno país chamado Inglaterra, a situação muda. Há um Parlamento – desde pelo menos 1265. E o rei, durante seu reinado, é autorizado a cobrar imposto sobre as mercadorias em trânsito nos portos ingleses. O resto é excepcional. O rei deve viver de suas propriedades, *of his own*. Em períodos de guerra, o rei inglês precisava aprovar no Parlamento um subsídio de guerra. Não havia como guerrear, ou mesmo governar, sem impostos – e não havia como receber impostos sem que o Parlamento votasse e autorizasse. Em resumo, na Inglaterra, com exceção dos impostos aduaneiros, os demais são aprovados a cada vez, pela decisão conjunta do rei e do Parlamento.

Mesmo assim, ainda não havia orçamento. Quando isso muda? Na década de 1720, o ministro Robert Walpole (1676-1745) – proveniente de uma família que formará vários ministros da Inglaterra – leva um documento para ser aprovado pelo Parlamento com a descrição do que deve ser arrecadado e de como deve ser gasto. É a primeira experiência parecida com um orçamento. Mais tarde, há o estabelecimento da lista civil – uma espécie de fundo destinado aos gastos reais e ao pagamento dos funcionários que trabalhavam para o rei – e, depois, a separação do patrimônio do rei e o do reino. O orçamento público e a lista civil são separados. Essa separação é um traço importante, ainda que pouco conhecido, da modernidade. Foi assim na Inglaterra e, em seguida, nos demais países, à medida que acabava o absolutismo e começava algum controle sobre o poder dos monarcas. Isso ocorreu a partir da Revolução Francesa, por exemplo. A separação entre público e privado, em resumo, é uma construção laboriosa desenvolvida ao longo da Idade Moderna. E vai ser essencial para a democracia.

Por quê? Com a democracia, é necessário haver transparência e a decisão conjunta, democrática, sobre a destinação dos recursos arrecadados. Como o dinheiro será distribuído? Uma parte será alocada para educação e saúde, como prevê nossa Constituição, que determina um porcentual das receitas tributárias para cada área? Para obras públicas? Para investimentos em ciência e tecnologia? São decisões eminentemente políticas, hoje tomadas democraticamente, nas sociedades modernas.

ACA: Exatamente. Ao se falar em orçamento, fala-se em arrecadação. Ao se falar em arrecadação, fala-se em impostos. A receita principal de um Estado são os impostos. Por fim, também há as despesas. Orçamento tem a ver com arrecadação, impostos e despesas – o coração de um país.

As despesas primárias do orçamento do Brasil beiram os 2 trilhões de reais em 2024. Os principais conflitos políticos estão dentro do orçamento. Isso vale para qualquer país. E vale até para estados e municípios. O orçamento é uma peça legislativa crucial de qualquer governo, debatido e votado. No Brasil, a palavra final sobre ele cabe ao Congresso Nacional, e à Câmara única em países como Portugal, que são unicamerais. Ou seja, o orçamento é preparado no âmbito do Poder Executivo e enviado para apreciação, modificação e votação pelo Poder Legislativo.

O orçamento deve ser votado anualmente, ainda que não seja possível mudá-lo drasticamente de um ano para outro. Em sua estrutura, há uma seção de receita, onde também constam as renúncias tributárias, e uma seção de despesas, por órgão e por função.

Na seção de receitas, aparece a forma como os governos tributam. Alguns tributos são básicos para o funcionamento de qualquer governo: sobre propriedade, renda, lucro e dividendo e consumo, por exemplo. Mas o que acontece no caso do Brasil comparado aos países da Organização para a Cooperação e Desenvolvimento Econômico (OCDE)? O Brasil tributa pouco propriedades e rendas e muito o consumo. O tributo sobre a propriedade, nos países da OCDE, fica em torno de 5,5% enquanto, no Brasil, 4,4%. Nos Estados Unidos, 11%. Veja como o Brasil tributa pouco as propriedades em comparação aos Estados Unidos. A tributação da renda nos países da OCDE fica em torno de 35%; nos Estados Unidos, 50%; no Brasil, 20%. Na tributação do consumo, a situação se inverte. O Brasil tributa em torno de 55% do consumo; os Estados Unidos, apenas 17%; e os países da OCDE, 32%. Proporcionalmente, as pessoas de menor renda pagam mais impostos, no Brasil, do que as de maior renda. Isso aparece no orçamento.

Ainda dentro da seção de receitas, figuram as isenções tributárias, que evidenciam a força detida por certos setores. Por exemplo: água mineral, no Brasil, tem isenção tributária de 500 milhões de reais por ano; o Simples Nacional tem 125 bilhões de reais em isenções em 2024, aproximadamente um quarto da renúncia fiscal no nosso orçamento. A quem essa renúncia atende? Às federações e associações de comércio espalhadas pelo país. Não estou questionando as isenções, apenas demonstrando que evidenciam a força política de determinados setores. Os governos utilizam as isenções para fomentar a atividade econômica também? Sim. Mas, no fim das contas, a força política dos grupos sociais vai parar no orçamento, como receita ou despesa.

Por fim, na seção de despesas haverá despesas de duas naturezas: obrigatórias e discricionárias. As obrigatórias são rígidas, inalteráveis, como os salários dos servidores públicos, por exemplo. E as discricionárias são flexíveis e não obrigatórias. No Brasil, há um porcentual maior de despesas obrigatórias em comparação a outros países da América Latina. No que isso implica? Um orçamento rígido, com pouca margem para alterações.

Mas é relevante perceber que as alterações indicam a política por trás do orçamento. Os investimentos em educação, por exemplo, entre 2006 e 2012, aumentaram doze vezes. O gasto *per capita* em saúde também aumentou. E o Bolsa Família, no mesmo período, aumentou de modo contundente. O que significa? Expressa a pressão do voto popular, da democracia, sobre o orçamento. E mostra a relação entre ambos, ilustra como democracia e orçamento caminham juntos.

RJR: É uma pena que a discussão sobre o orçamento, no Brasil, durante estes últimos anos, tenha sido mais sobre flexibilização de impostos e revogação de direitos trabalhistas e menos sobre investimentos em educação, ciência e tecnologia, que é onde os países desenvolvidos estão realmente apostando. É um ponto crucial a levar em conta. Em democracias consolidadas, o governo tributa mais a renda alta e o patrimônio elevado do que o consumo, enquanto em nosso país ocorre o contrário. Eles cobram mais, relativamente, do pobre que do rico. A democracia está ligada à atuação do poder público para ajudar a população carente a sair da situação de pobreza, o que nosso sistema tributário e nossos orçamentos não fazem.

22.

A expansão do voto

ALBERTO CARLOS ALMEIDA: A instituição central da democracia é o voto. "Todo poder emana do povo e em seu nome será exercido." O legislador, quando aprovou essa frase, imaginou o poder do voto. Tal poder foi resultado de uma expansão, de uma luta. Foi conquistado.

RENATO JANINE RIBEIRO: O voto é condição *sine qua non* para a democracia. Ou seja, condição necessária, embora nem sempre suficiente. Se você apenas vota, sem tomar conhecimento da política, sem participar, é pouco. Não basta exercer seu papel de cidadão a cada dois ou quatro anos. Mas, ainda assim, o voto é o ponto fundamental em qualquer regime democrático. Para falarmos um pouco sobre como ele foi se expandindo, vamos focar nas três democracias iniciais – Inglaterra, a partir da Revolução de 1688; Estados Unidos, a partir da Constituição de 1787; e França, a partir da Revolução Francesa, de 1789 em diante – e, depois, no contexto brasileiro.

Um ponto interessante dos países citados e nas datas que mencionei, é que nelas o voto foi consagrado, mas ainda não era universal. Por sinal, as mulheres continuam excluídas do direito ao voto em praticamente todos os países até o século XX. No Brasil, por exemplo, as mulheres só começam a votar a partir de uma lei baixada em 1932.

A Inglaterra derruba o autoritário rei Jaime II, também rei da Escócia, em 1688, e, em 1707, os dois países se unem formando o Reino Unido da Grã-Bretanha. A Câmara dos Comuns, a Câmara Baixa do Parlamento inglês, é então eleita com o voto restrito a proprietários. No século XIX, a franquia, ou direito ao voto, é ampliada, mas de forma gradual. Até que, na Primeira Guerra Mundial, tal direito é expandido a todos os homens, e a algumas mulheres envolvidas nos esforços de guerra. No fim da Segunda Guerra Mundial, o voto feminino emplaca.

Nos Estados Unidos, não apenas não votavam as mulheres brancas, como não votavam os escravizados nem a população negra livre. Também havia um critério baseado em dinheiro, que variava de estado para estado. Eram muitas as restrições, retiradas gradualmente até se chegar ao chamado sufrágio universal. Mesmo no século XX, e depois de cem anos após o fim da escravidão, em 1960, os negros, embora tivessem direito ao voto, encontravam fortes barreiras para o exercício de seu direito nos estados do Sul. Na verdade, só na metade da década de 1960 se implanta, de fato, o voto da comunidade negra e, assim, o sufrágio universal.

Na França, a história é interessante e diferente. Em 1789, o rei Luís XVI reúne os Estados Gerais (Primeiro Estado: clero; Segundo Estado: nobreza; Terceiro Estado: 96% da população) porque o país está quebrado. O Terceiro Estado conquista uma importante vitória: o direito de ter o mesmo número de deputados que os outros dois Estados somados, atribuindo poder a uma parte da população que até então não o tinha. Ainda havia muitas restrições ao voto, mas em 1792, quando o rei é derrubado, decide-se convocar uma convenção na qual, pela primeira vez, o voto é universal – embora somente o masculino. Mais tarde se restringe o sufrágio e apenas em 1944, com a libertação da França na Segunda Guerra Mundial, o general Charles de Gaulle estende o direito ao voto às mulheres.[1]

Este resumo histórico mostra que a expansão do voto ocorre, lenta e gradualmente, mesmo nos países considerados as três democracias iniciais – demorou, e muito, para que as mulheres, e os homens pobres, tivessem direito ao voto. Foi um direito conquistado.

No Brasil, uma das questões que culminou na Revolução de 1930 e no fim da chamada República Velha, foi a luta pelo voto secreto. Nessa época, o voto no Brasil não era secreto, como em muitos países também não era. Naquela altura, inicia-se um clamor por ele. Por quê? Porque o voto, não sendo secreto, permitia que os coronéis, mandatários dos municípios, pudessem obrigar os outros a votar em seus candidatos. Quando o voto se torna secreto, as eleições se tornam mais democráticas. Hoje, isso parece óbvio, mas nem sempre foi assim. Por isso, hoje é proibido fotografar o voto na urna. Por quê? Porque abre margem para a coerção do voto. Como o voto se expandiu no Brasil? Rompendo com as restrições associadas à propriedade e à renda (durante muito tempo, o voto foi restrito a proprietários de terra e pessoas ricas); ao gênero e à raça (era restrito a homens brancos). Durante a República Velha, houve sete eleições presidenciais nas quais apenas 3% da população pôde votar. Apenas em 1988, a Constituição dá o direito de voto ao analfabeto.

Ainda hoje, embora o voto universal esteja praticamente garantido, continua a se discutir sua expansão. Na União Europeia, discute-se o direito ao voto a residentes estrangeiros – alguns países já o praticam –, pelo menos em eleições municipais. Ou seja, o direito ao voto continua em expansão.

ACA: E com a expansão do direito ao voto, há maior estabilidade política. Veja a comparação entre dois períodos de quinze anos no Brasil:

entre 1980 e 1994, o Brasil teve cinco presidentes, quinze ministros da Fazenda, catorze presidentes do Banco Central, seis moedas e 730% de inflação anual; entre 1995 e 2010, o Brasil teve dois presidentes, três ministros da Fazenda, cinco presidentes do Banco Central, uma moeda e 7% de inflação anual. Qual a diferença entre os dois períodos? O voto. E a expansão do direito ao voto. Uma competição eleitoral extensa para todo eleitorado obriga os políticos a atenderem os eleitores e a gastar com política social. O sistema político se vê obrigado a atender as demandas da população, como, neste exemplo, estabilidade econômica e baixa inflação.

Com o restabelecimento da democracia, na primeira eleição, a de Collor, em 1989, 49% da população brasileira votou. Em 2014, 56% da população votou. O que significa? Algo absolutamente relevante: uma pressão brutal sobre o sistema político. A expansão do voto obriga os políticos a buscar os votos de mais eleitores. Se um político é displicente com alguma demanda do eleitorado, outro aproveita a oportunidade. Um "mercado" maior, ou seja, mais eleitores, pressiona o sistema político a atender as demandas sociais – isso não ocorre quando o número de eleitores é limitado a um pequeno grupo da sociedade. Antes do direito ao voto, por exemplo, não havia SUS – e consequentemente as pessoas morriam mais cedo. O SUS ajudou a aumentar a expectativa de vida dos indivíduos. Veja você a importância da expansão do voto. Quem permitiu o aumento da expectativa de vida, portanto? Essa instituição democrática crucial: o voto. E o voto expandido, universal. Assim como o voto expandido também permitiu a expansão da educação pública de qualidade no Brasil que, em tempos de ditadura, era restrita a capitais e cidades maiores.

RJR: O voto substituiu a caridade – como as ações sociais lideradas pela irmã Dulce (1914-1992)[2] – pelo direito. O direito ao voto faz parte da cidadania. As pessoas descobrem que têm direitos. Direito à saúde e à educação, por exemplo. A ideia de direito tem a ver com o voto e com a percepção de que cada voto vale muito, importa.

Ainda que o impeachment de 2016, que afastou Dilma Rousseff, tenha criado a sensação de que o voto não vale muito, vale sim. A solução nunca é menos voto. É mais voto. E não apenas isso. Mas participação política de outras formas, não só pelo voto depositado uma vez a cada tantos anos. Também é necessário fiscalizar os mandatos e os políticos. É preciso que as pessoas lembrem em quem votaram, que evitem decidir o voto na última hora, que acompanhem o mandato de seus eleitos.

ACA: Muita gente diz: "Olha, não adianta nada votar, porque as coisas não melhoram, não mudam, meu voto não influencia em nada." Vamos fazer uma breve reflexão baseada em dados reais. De fato, há coisas que o voto não alcança. Governo é algo muito complexo. Existem microdecisões que são tomadas sem a influência direta do voto. Portanto, o voto alcança tudo? Não. Mas o que o voto alcança? O rumo do país. Ele diz: "Quero um governante que leve o país para este rumo." E isto tem impacto, sim. O impacto não é imediato e depende da força política de quem pressiona. Mas ocorre. Volto ao exemplo do SUS: o gasto *per capita* com o SUS só vem aumentando até hoje. Graças ao voto. É graças à expansão do direito ao voto que a educação pública também é expandida. A expansão do voto dita o rumo do país. Ainda que os governantes não realizem todos os objetivos propostos, o voto dita o rumo dos acontecimentos. E, por isso mesmo, ele é crucial.

23.
Participação política e movimentos sociais

ALBERTO CARLOS ALMEIDA: Quais são os tipos de participação política, para além do voto, que incluem diferentes atores na política de um país? O lobby, embora pareça pejorativo, é uma forma de participação política. Os movimentos sociais, também.

RENATO JANINE RIBEIRO: Participação política é um termo sobre o qual convém pensar tanto à luz da nossa Constituição Federal quanto das discussões que ocorreram à época de sua elaboração. A nossa Constituição diverge das anteriores republicanas porque, em vez de dizer "Todo poder emana do povo e em seu nome será exercido", ela diz "Todo o poder emana do povo, que o exerce por meio de representantes eleitos ou diretamente, nos termos desta Constituição" – como é o caso dos referendos, plebiscitos e conselhos tutelares.

Na década de 1980, à época dos debates sobre a Constituição em elaboração, houve uma discussão forte entre dois projetos de democracia: representativa e participativa. Hoje, a nossa democracia, a rigor, não é direta nem só representativa: é representativa-participativa – uma democracia representativa com fortes elementos de estímulo à participação direta. Tanto que, nos governos do PT, houve muitos encontros nacionais para discutir políticas. A presidente Dilma regulamentou por decreto uma lei que estabelecia financiamento para esses encontros. Mais tarde, Michel Temer revogou o decreto em questão, num sinal claro de enfraquecimento da participação.

Mas o que é uma democracia participativa? Aqui, chegamos aos movimentos sociais. Estes são grupos organizados para mudar a sociedade, a fim de alcançar maior distribuição de renda e diminuir as desigualdades. Inicialmente, muitos movimentos sociais eram vinculados às causas trabalhistas, mas, desde a década de 1970, vêm surgindo movimentos organizados em prol de outras causas – feministas, ambientalistas, antirracistas, anti-homofóbicas, entre outras. Isso, embora muitos movimentos já existissem antes da década de 1970, como as sufragistas, que defendiam o voto feminino, na Europa do começo do século XX. (O sucesso da Disney que é o filme *Mary Poppins* mostra uma dona de casa que é sufragista em Londres.) Mas por volta das décadas de 1960 e 1970, pensadores como Michel Foucault (1926-1984) teorizam sobre o modo como se exerce o poder do Estado. Ele dirá que o poder do guarda da esquina é o mesmo poder do primeiro-ministro. O que há em comum a toda forma de poder é obrigar o indivíduo a fazer o que não quer e a não fazer o que quer – existem, como ele diz, "mil poderezinhos". Essa reflexão dá sustentação teórica à multiplicidade de movimentos que afloram na sociedade: contra o poder do patrão e do Estado, mas também contra o poder patriarcal, o religioso, em suma, contra toda forma de poder. Crescem movimentos que lutam para enfrentar as relações de opressão, como o poder do marido sobre a mulher, do ariano sobre o judeu, do heterossexual sobre o homossexual. Os movimentos sociais defendem causas até então ignoradas, como a ambiental, cada vez mais importante em nosso tempo.

Mas pode haver movimentos sociais de direita? Muito difícil. Há movimentos políticos, como os recentes Vem Pra Rua e Movimento

Brasil Livre, mas não são sociais. Movimentos sociais apontam para a ideia de uma ação coletiva fundamentada no interesse de redução da desigualdade, de distribuição de riquezas, de mudança progressista na sociedade, que não são pautas da direita. Não estou fazendo um juízo de valor, apenas ressaltando que os interesses dos movimentos sociais não se harmonizam com as ideologias de direita, que acreditam em menos intervenção do Estado, e admitem as hierarquias de poder vigentes na sociedade, como a patronal, a patriarcal, a sexual. A direita se vincula mais à ideia de indivíduos que procuram vantagens para si e suas famílias – como acreditava Margaret Thatcher ao dizer que não existia sociedade, "apenas indivíduos e suas famílias". Os movimentos sociais se vinculam à ideia de uma vida social organizada em conjunto, na qual as pessoas, juntas, lutam por melhorar suas vidas e as dos outros. Mas a grande diferença é que a direita quer reduzir o poder do Estado, mas não os poderes vigentes na sociedade, enquanto os movimentos sociais querem reduzir as várias instâncias de poder social, além do poder do Estado.

ACA: Um ponto que também vale ressaltar é a diferença entre participação política e cívica. Não são a mesma coisa. Participação cívica: a Igreja, por exemplo. Participação política: os movimentos sociais, como os dos metalúrgicos, do qual Lula fez parte e com o qual se projetou no cenário político até se tornar presidente da República. Participação política implica pressionar o sistema político através de duas maneiras: pela doação de tempo ou de dinheiro. Doar dinheiro para movimentos sociais ou para qualquer organização que pressiona o governo é também uma forma de participação. Até mesmo doação de dinheiro é doação de tempo, porque custou tempo para o indivíduo ganhar esse dinheiro. Ou seja, doar dinheiro é, indiretamente, doar tempo.

Por isso, há a tendência de que pessoas com maior poder aquisitivo e maior tempo disponível – como funcionários públicos – tenham maior participação política. Além disso, a literatura demonstra que há pelo menos três habilidades fundamentais para a participação política em movimentos sociais: habilidade de falar em público; habilidade de argumentar, fazer alianças e tomar decisões em reuniões; habilidade de escrever petições, de se comunicar por meio de documentos escritos.[1] As três habilidades acabam também favorecendo pessoas com maior renda e instrução. Pessoas que não têm a oportunidade de desenvolver tais habilidades aprendem por outros caminhos ou em outros ambientes, como em igrejas e associações de bairro. Ou através da experiência social de grupos organizados como os sindicatos. Lula é o caso mais célebre. De qualquer maneira, no mundo real, a participação política favorece pessoas mais bem situadas na pirâmide social. O próprio Lula foi líder sindical de uma indústria de ponta na época, a metalurgia na produção de automóveis. Se tivesse sido líder do sindicato de uma indústria menos relevante, provavelmente não teria tido as condições necessárias para adquirir as habilidades mencionadas. Pessoas menos bem situadas na pirâmide tendem a participar menos.

A partir dessa informação, é possível entender vários fatos na política. As habilidades que descrevi são exigidas nas audiências públicas que ocorrem no Congresso Nacional, por exemplo. Naturalmente, pessoas mais bem situadas na pirâmide social acabam comparecendo e participando em maior proporção.

RJR: Os mais poderosos sempre tiveram participação política, mesmo sem cargo político formal. Desde sempre. Mas os sindicatos serviram para incluir, na participação política, pessoas mais pobres e menos poderosas. Os trabalhadores, ao se organizarem, se fortalecem. As

Ligas Camponesas, no Nordeste, antes do golpe de 1964, eram formadas por pobres. Mas participação e organização políticas dificilmente ocorrem no contexto da miséria. O miserável tem pouco tempo ou condições de se organizar. A expansão dos movimentos sociais depende de se passar da miséria a um nível de vida melhor.

Aqui, é bom explicar a diferença entre miséria e pobreza. É frequente quantificar essa distinção, mas sua base está num conceito. O pobre dificilmente acumula. Ele vive da mão para a boca. Não consegue comprar casa, nem mesmo poupar em quantidade significativa. Mas a condição do miserável é pior. O pobre, acredita-se que não consegue muito mais do que as necessidades básicas, como comer, vestir-se, tratar minimamente da saúde em hospitais públicos. Mas a miséria é menos, é pior que isso. O miserável vive menos do que o tempo que a natureza lhe daria. Ele come menos e pior do que precisa. Está no mundo da fome e da doença. A doença constante é a morte chegando antes da hora. Por isso, tem menos condições de lutar por mais. Não só carece das competências discursivas e de articulação que o Alberto mencionou, como passa o tempo buscando comida.

Em suma, há movimentos que nascem da miséria, do desespero, como as revoluções comunistas clássicas. Mas a maior parte das mudanças políticas recentes ocorreu em sociedades não tão miseráveis, e os movimentos sociais crescem mais fora da miséria.

ACA: Na política, há vantagens e desvantagens. Participação política é ótimo? Sim. Mas é restrita a pessoas com as habilidades que descrevi. Um ponto positivo dos movimentos sociais e da participação política é que arejam o governo. Políticas públicas acabam sendo criadas e aprimoradas por causa da participação política. É um ponto muito positivo da participação.

RJR: Por isso mesmo, a participação política que melhor funciona é a mais focada em causas sociais e menos em ideologias. Evidentemente, essas têm seu lugar. O feminismo, os movimentos negros e o movimento LGBTQIAPN+ são ideológicos, com teorias próprias, inclusive. Mas a força está na forma como dão voz ao sofrimento de seus integrantes. Muitos aguentam o sofrimento porque não enxergam outra forma de vida possível – mas, quando um movimento e seu discurso mostram que é possível viver de outro modo, o sofrimento ganha voz e projeto.

De qualquer maneira, é preciso haver participação. Não basta votar. Em nenhum lugar no mundo a representação pelo voto é suficiente para garantir a democracia. A participação contínua e regular é fundamental para que ela se mantenha.

24.

Religião e política

ALBERTO CARLOS ALMEIDA: Em função dos últimos acontecimentos no Brasil, desde 2018, em que o candidato Jair Bolsonaro venceu com apoio massivo da população evangélica, este é um tema certamente muito relevante – a relação entre política e religião.

RENATO JANINE RIBEIRO: Muitos dizem que está havendo uma intrusão da religião na política. Os anos recentes no Brasil tiveram essa marca, com o voto evangélico majoritariamente pró-Bolsonaro. Muitas pessoas se espantaram, considerando que o Estado laico está sendo ameaçado.

Historicamente, porém, quase toda a história humana é a história da mistura entre religião e política. A separação da Igreja e do Estado é recente. Se tomarmos os documentos mais antigos que temos de um Estado, que são provavelmente os da criação da monarquia do Egito, com os primeiros faraós, em 2950 a.C., ou seja, há cerca de 5 mil anos, veremos que a grande obra de todo faraó era construir primeiramente sua pirâmide, isto é, um túmulo para o rei. O que isso significava? Fazer um túmulo para um deus. O rei não era próximo de deus. Ele era, simplesmente, um deus. É difícil imaginar isso hoje, inseridos em nossa cultura ocidental monoteísta, de influência judaica e cristã.

Totalmente diferente da cultura oriental, em que há o budismo, uma religião em que deuses têm menor importância, o hinduísmo, em que há uma quantidade gigantesca de divindades, e a cultura africana e suas diversas religiões, como o culto aos orixás, ancestrais divinizados. Os faraós, portanto, não eram deuses no sentido de um Deus único, talvez nem no sentido dos semideuses gregos, não sabemos exatamente como eram compreendidos pela mentalidade da época. Mas o fato é que eram chefes de Estado muito importantes – deuses e reis ao mesmo tempo. Depois, no Império Romano, igualmente, os imperadores também são proclamados deuses. Consta que o imperador Vespasiano teria dito, no leito de morte, no ano 79: "Acho que estou me tornando deus."

A relação entre rei e deus é forte e antiga. Mas nunca se tratou da ideia de um Deus único, no sentido cristão. No cristianismo, entendia-se o rei como representante (ou "vigário") de Deus na Terra, ou, pelo menos, o papa, com os reis e imperadores sendo validados por ele ou disputando com ele a representação divina na Terra. De qualquer forma, durante milhares de anos, a relação entre realeza e divindade foi muito intensa. Religião e política estiveram, desde o princípio da história humana, intimamente relacionadas.

Depois do Império Romano, com o cristianismo, torna-se inaceitável que um rei, um ser humano, seja deus. Foi esse o grande motivo para a perseguição dos cristãos. Os romanos aceitavam os deuses dos vencidos e colonizados, mas exigiam que o imperador fosse também adorado. Para os cristãos, isso não tinha cabimento. A frase de Cristo, "Dai, pois, a César o que é de César, e a Deus o que é de Deus", demarcou essa separação.

No entanto, depois que a religião cristã é aceita no Império Romano, por volta de 300 d.C., ressurge uma aliança forte entre religião e Estado. O rei já não é deus, mas precisa do apoio de Deus, por meio do clero. Muitos pensam que na Idade Média o rei podia tudo, e que existia a realeza de direito divino. Nem uma coisa, nem outra. O direito divino é uma criação da Idade Moderna, datando possivelmente de um livro do rei Jaime I da Inglaterra – e VI da Escócia –, publicado em 1598, *A verdadeira lei das monarquias livres*. Já o absolutismo pode ser ligado a Luís XIV, cujo reinado pessoal começa em 1661.

Vejam que a relação entre religião e política vai desde os faraós até a modernidade. A separação entre elas é a exceção histórica, a novidade – uma marca da modernidade, essencial para a vida política democrática.

ACA: Não por coincidência, na nota do dólar americano vem escrito *"In God We Trust"* – Em Deus nós confiamos.

RJR: Exatamente. E ainda há uma pirâmide com o olho no centro, que é um símbolo maçônico.

ACA: Sim, e outro exemplo é o crucifixo na parede do Supremo Tribunal Federal (STF), logo atrás de onde se senta o presidente da Corte, no alto, em destaque. Não é um crucifixo qualquer, mas sim o católico, o crucifixo das religiões evangélicas, de um modo geral, não tem a figura de Cristo na cruz.

RJR: O que coloca outro problema: por que uma religião prevalece em detrimento de outras? Por que a religião cristã se vê representada no STF e não outras que temos no Brasil? Nossa Constituição separa Igreja e Estado, embora comece invocando a "proteção de Deus". Mas, desde a virada do século XIX para o XX, aumenta gradativamente a separação entre Igreja e Estado – no Brasil, logo após a Proclamação da República. Mas a separação não se efetivou completamente aqui, haja vista o crucifixo no STF, as Bíblias abertas em algumas bibliotecas universitárias, os auditórios de ministérios em que fiéis se reúnem para louvar seu deus. E haja vista também a demora para a legalização do divórcio e a dificuldade extrema em aprovar a descriminalização do aborto – já permitido em muitos países, mas que no Brasil enfrenta forte resistência cristã.

E por que estamos discutimos essa questão? Porque, no Estado Democrático, a separação entre religião e política é fundamental. É um dos pilares da democracia. A separação significa que o Estado é o espaço das oportunidades, espaço de abertura, e que a religião não pode impedir as pessoas de terem acesso a liberdade alguma. Dizendo de outro modo, na democracia moderna a religião se converte em assunto privado, de foro íntimo. Não se espera mais que o Estado sirva a um deus. Os indivíduos podem, livremente, escolher suas religiões (ou mesmo nenhuma), mas o espaço público é independente de tais escolhas.

ACA: A partir de tudo o que você mencionou, Renato, acerca da íntima relação entre religião e política desde os primórdios da história humana, fica uma questão: por que isso ocorreu em diferentes culturas e lugares e em diferentes épocas? Basicamente, porque a religião foi o elemento ordenador da cooperação humana. Nesse sentido, é impossível a religião estar fora da política. Temos um Estado laico? Sim. Formalmente laico. Mas a religião estará na política enquanto for capaz de mobilizar pessoas a agir coletivamente. A política é a mobilização de pessoas, é fazer com que as pessoas ajam coletivamente, por isso a conexão com a religião. Pela primeira vez na história, temos hoje as primeiras sociedades em que as pessoas não têm religião, como nos países nórdicos da Europa. Não sabemos o que vai acontecer, portanto. No futuro, isso pode mudar? Sim. Mas, hoje, é impossível dissociar completamente religião e política. Não tem como tirar a religião de dentro da política, no nascedouro da política.

E quais são alguns exemplos claros de resultados da organização do homem em sociedade através da religião? Exemplos bastante simples no Brasil: o hospital Albert Einstein, fundado pela comunidade judaica; o hospital Sírio-Libanês, criado pela comunidade da Igreja ortodoxa; As Santas Casas de Misericórdia, criadas pela Igreja católica; o Carnaval brasileiro, nascido em função do calendário religioso do período da Quaresma, foi profundamente modificado pelo contexto dos terreiros de religiões de matriz africana, em torno de atividades religiosas. Se analisarmos com cuidado, existem muitas instituições, organizações e hábitos que foram criados em torno de, e graças a, alguma religião.

Fala-se muito no Brasil que o Estado está deixando de ser laico, com críticas, por exemplo, à bancada evangélica no Congresso. Mas as pessoas que dizem isso não chamam a atenção para o crucifixo católico no STF, ou para os juramentos que os presidentes fazem com a mão sobre a Bíblia. Algumas leis podem ter inspiração religiosa? Sim, com certeza. E condenar isso é condenar o mundo em que vivemos. Não dá para fugir do fato de que as sociedades foram organizadas, politicamente, pela religião; e que a nossa sociedade no Brasil foi especificamente organizada pela religião católica, a matriz que estruturou o país. Somos subordinados pela trajetória católica.

Considerando isso, e sabendo que as religiões mobilizam pessoas e, portanto, as religiões estão na política, quais os efeitos? Muitos, e talvez um bastante relevante seja eleitoral, o voto. Partidos cristãos recebem apoio da comunidade cristã. Não apenas no Brasil, mas em muitos países, como os europeus. Aliás, a política europeia foi muito tempo dominada por partidos democratas cristãos que tinham em seu nome a menção a uma religião. Além disso, na Europa do pós--Segunda Guerra Mundial, se um católico fervoroso se revelasse ao pároco de sua igreja ser eleitor de partidos de esquerda, muito provavelmente acabaria sendo excomungado. Se a Igreja é uma atividade social, além de religiosa e transcendental, inevitavelmente vai entrar na política. E vai entrar, geralmente, como força conservadora para coibir a subversão da ordem, baseada na crença de que o todo subjuga a parte. Portanto, não foi por acaso que em 2018 as pessoas mais religiosas, dentre as vertentes cristãs, votaram proporcionalmente mais em Bolsonaro.

RJR: Querer uma sociedade leiga, laica, é querer uma sociedade que aceite as diferenças. Inclusive, as diferenças religiosas. Temos visto a instrumentalização forte da religião na política, no Brasil e em outros países, em especial pela extrema direita cristã, com pautas contrárias à liberdade dos costumes. Ouvimos e lemos declarações homofóbicas, mesmo que hoje constituam crime. O aborto, hoje permitido na maior parte dos países desenvolvidos, continua sendo um tabu aqui. E isso é curioso. Porque, em vez de atacar as causas do aborto feminino – a falta de educação sexual, a dificuldade de acesso a contraceptivos, homens que sistematicamente abortam seus filhos já nascidos ou não, ou mesmo pais que expulsam de casa as filhas grávidas –, vemos meras condenações.

Por sinal, condenações que não parecem adequadas às falas de Cristo, lembrando especialmente o que ele diz quando querem apedrejar a adúltera: "Atire a primeira pedra quem nunca pecou." Lembro, aliás, de ter visto pesquisas que apontam o perfil da mulher que aborta: casada, católica, já com filhos e vida estável.

É curioso que líderes religiosos reconhecidos, como o Papa e o Dalai Lama, apelem ao amor, enquanto o uso político da religião hoje se dá basicamente pelo ódio.

25.

Militares e política

ALBERTO CARLOS ALMEIDA: Forças Armadas e política. É impossível falar de Estados Nacionais sem falar de violência, de força física. Política e violência caminham juntos.

RENATO JANINE RIBEIRO: É isso. Assim como o tesouro público começa inseparável do tesouro privado de alguém que se torna rei, chefe de bando, dominador de um determinado território e sociedade, as Forças Armadas também nascem indissociáveis do poder de um grupo armado que subjuga outro, passando a controlar uma região através da violência. Isso é fundamental no começo dos Estados. Assim nascem o poder, a Justiça, o mercado e as Forças Armadas. Mas vamos focar especificamente na sua relação com a política.

As Forças Armadas surgem como grupos pequenos que, aos poucos, crescem e se organizam.

Na França, um comandante chamado Hugo Capeto (939-996), no fim do século X, há mais de mil anos, proclamou-se rei e deu início à dinastia dos Capeto, que perdurou por cerca de oitocentos anos, até a execução, na guilhotina, de Luís XVI – ou Luís Capeto –, conforme seu nome de família. Uma longa dinastia que se sustentou justamente pelo equilíbrio adequado entre poder militar e nobreza.

O rei antigo ou medieval é um militar, razão aliás para ser um cargo mais masculino do que feminino. Obviamente, houve monarcas que se mostraram maus generais, mas eles eram derrotados e muitas vezes perdiam o poder. A monarquia conheceu não poucos golpes de Estado. Uma peça famosa de Shakespeare, *Henrique IV,* filmada várias vezes, mostra justamente a deposição de Ricardo II por seu primo, o rei Henrique, com o qual começa a Guerra das Rosas.

E não é apenas o rei: a nobreza é militarizada. Tomemos o nobre mais simples, elementar: ele é chamado *cavaleiro*, em português é quem tem o título de *Dom*, em inglês de *Sir*. Ele tem um bom cavalo de guerra, soldados que ele paga e que o servem. Quando o rei entra em guerra, forma sua *hoste* ou exército com os cavaleiros e nobres a seu dispor. E muitas vezes os próprios nobres lutam entre si. A Idade Média é um período de bastante instabilidade – reis e até papas depostos, nobres se matando – até que começam a se formar Estados de dimensão maior, que depois vamos chamar de "Estados Nacionais". Portugal é um dos primeiros a fortalecer o rei. Mas, por muito tempo, não haverá exército permanente; apenas quando se produz uma guerra é que o monarca reúne sua hoste. Por sinal, na Inglaterra, se uma marinha permanente é necessária desde cedo, o exército o é menos, já que seus únicos conflitos em terra se dão com Gales, anexada por volta de 1300, e a Escócia, que raramente foi páreo para os ingleses. Já vimos, aliás, que o imposto era pedido pelo rei ao Parlamento quando ele precisava de um exército, geralmente para combater na França.

Nos regimes democráticos, aumenta o número de protagonistas. Não há mais apenas um rei, o alto clero, a alta nobreza e os militares, cujas altas patentes pertenciam à alta nobreza. Há também a opinião pública, a imprensa, o povo – e um povo que vota e se revolta.

Ainda no começo da democracia, a Revolução Francesa muda totalmente a arte da guerra. No século XVIII, a guerra era feita com tropas mercenárias, pagas. Não havia recrutamento universal, obrigatoriedade do serviço militar. A Revolução Francesa proclama que a pátria está em perigo e um exército mal treinado, formado pelo povo, segue para as grandes batalhas. E vence. Segundo alguns contemporâneos, como o escritor francês Stendhal (1783-1842), vence pelo entusiasmo, que ele chama de *energia*. Surge um grande general, Napoleão Bonaparte, cheio justamente de energia, e que se cerca de generais plebeus, mas muito competentes. Ele será imperador da França, como sabemos.

A ideia de um exército constituído por pessoas do povo, que já tem mais de duzentos anos, está ligada à sociedade democrática, com um povo presente, que se associa à ideia de pátria e a um Estado Nacional.

Até aqui, tentei traçar, de forma resumida, um mapa histórico de como as Forças Armadas se desenvolveram, passando pelo século XX até os dias atuais, quando os militares continuam a protagonizar acontecimentos políticos pelo mundo afora. Em 2021, as Forças Armadas deram um golpe de Estado em Mianmar, antiga Birmânia. Até pouco tempo atrás, por muito tempo a América Latina foi o paraíso dos golpes militares. Hoje nem tanto. Ainda assim, no Brasil, o comandante militar, o general Villas Bôas, às vésperas do julgamento do *habeas corpus* que poderia libertar o presidente Lula em 2018, consultou o Estado-Maior antes de soltar uma nota no antigo Twitter em que o Exército ameaçava o Supremo Tribunal Federal (STF). Mais recentemente, em 8 de janeiro de 2023, aventureiros tentaram dar um golpe contra os três poderes, invadindo seus palácios em Brasília, esperando que os militares, até então complacentes e talvez coniventes com eles, lhes dessem o apoio decisivo. Em democracias consolidadas, isso não acontece. Nos Estados Unidos, os militares não têm influência. Aliás, ao entenderem que Trump não aceitaria a derrota na eleição de 2020, alguns generais se prepararam para impedir um possível primeiro golpe de Estado em seu país. Nas grandes democracias, as Forças Armadas existem para obedecer: não opinam e não decidem. Na França, o exército era chamado de "o grande mudo". Por quê? Uma vez que se delega tamanho poder armado a certa parte da sociedade, é necessário certificar-se de que ele seja usado com contenção. Justamente porque os militares têm mais força que os demais cidadãos, eles precisam ser comedidos.

ACA: Muitas pessoas ficaram preocupadas com a relação entre Forças Armadas e política no Brasil dos últimos anos, sobretudo a partir do governo Bolsonaro.

Em primeiro lugar, é preciso lembrar que política sempre foi uma relação de força e de poder. O processo civilizatório, entretanto, ainda que muito lentamente, consiste justamente na retirada do uso da violência em conflitos políticos. Claro, acontece. Pode acontecer. Mas a essência do processo civilizatório é dissociar a política da violência – mesmo que o Estado, na concepção do economista, jurista e sociólogo alemão Max Weber (1864-1920), detenha o monopólio da força física. Ou seja, tenha legitimidade para ser violento. De toda forma, é possível observar a redução da interferência armada no rumo político das sociedades. No Brasil, a última vez que ocorreu foi em 1964, quando João Goulart foi deposto por meio de armas. Há países em que, desde que se tornaram democráticos, isso nunca aconteceu. No Brasil, vimos, na trajetória recente da Nova República, uma redução do protagonismo dos militares. Os militares passaram a aceitar seu papel – restrito ao espaço dos quartéis.

Em que condições os militares dão um golpe? Pelo menos na América Latina? Quando são chamados pelos civis. É importante mencionar. João Goulart, por exemplo, queria fazer uma reforma agrária e enfrentou resistência suficiente para formar as condições de um golpe de Estado. Nesse sentido, quando considero mais provável a entrada dos militares na política? Segundo as conclusões da minha tese de doutorado, quando há uma ameaça grave aos proprietários.[1] Por que intervenções golpistas de militares não ocorrem em países como Estados Unidos e Reino Unido? Talvez, porque, em países onde o capitalismo é dominante, os proprietários nem sequer chegam a ser ameaçados. Da mesma forma, por que não aconteceu um golpe militar no governo Bolsonaro? Porque foi um governo que ficou muito distante de fazer qualquer ameaça à propriedade privada.

Quanto ao episódio da nota do general Villas Bôas, que você, Renato, mencionou, eu a analiso com muita cautela. Ele pode ter falado isso em público apenas para parecer poderoso. Não sei. Quem garante que ele teria esse poder à época? O mundo hoje é tão conectado e interdependente que um golpe de Estado acaba sendo muito improvável. As pessoas já não aceitam com tanta naturalidade como no passado o uso de armas na resolução de questões internas.

RJR: Talvez o enfraquecimento dos golpes militares no mundo se deva a alguns fatores: primeiro, claro, ao crescimento da sociedade civil; segundo, ao crescimento de pautas que fogem da alçada militar – restrita à obediência e disciplina –, como a ambiental. Mas será que foi isso o que evitou um golpe no Brasil? Terá sido a pressão do mercado internacional, o aviso do governo dos Estados Unidos de que não reconheceria um poder conquistado pelas baionetas? Não sabemos.

A verdade é que a grande aliança que sustentou os golpes na América Latina – formada por militares, clero, políticos conservadores, elite econômica, sobretudo a rural, e os Estados Unidos – entrou em xeque. A economia, hoje, precisa de outra coisa. Não é de disciplina e obediência. As máquinas são obedientes. Hoje, a economia demanda criatividade – que não rima com ordem unida.

Assim sendo, como a democracia deve pensar as Forças Armadas? Qual o seu papel em um regime democrático? A discussão não está resolvida. E ainda: qual o papel das Forças Armadas em um regime democrático de um país de tradição pacífica, como o Brasil?

ACA: Os militares devem sempre estar a serviço do poder civil. Porém, como na política tudo é relação de forças, isso só é possível quando a sociedade rejeita de forma categórica a interferência militar na política. No que diz respeito ao que aconteceu no governo Bolsonaro, a minha visão é que os militares encontraram um meio de aumentar a sua renda. Eles estavam preocupados com o aumento de renda e sabiam que sua permanência no poder seria limitada. Além disso, os empresários dificilmente teriam apoiado uma ruptura com a democracia, isso seria muito ruim do ponto de vista dos negócios, hoje globalizados. Sem esse apoio, qualquer investida autoritária será sempre inviável. Por isso, não considero que os militares representem uma ameaça ao Brasil.

RJR: Você é mais otimista do que eu em relação à política. Não estou tão convencido de que os empresários optem pela democracia. Concordo, sim, que não estamos em uma fase propícia a golpes militares. Pelo menos na nossa parte do mundo. Mas isso não impede que alguns atores políticos, inclusive os militares, ajam irracionalmente. Seria preciso que a cultura militar deixasse de valorizar a violência e de permitir a expressão de opinião em assuntos políticos – justamente porque, como a sociedade lhes dá a força, sua conduta deveria se pautar pela obediência aos eleitos do povo.

26.
Opinião pública

ALBERTO CARLOS ALMEIDA: Opinião pública é um tema fundamental na política. Não se pensa a política sem levá-la em consideração. Vejo muita gente comentando política sem considerar a opinião pública, como se os políticos pudessem fazer simplesmente o que quisessem, a despeito da existência, digamos, de setores da população. A opinião pública funciona, na verdade, como uma grande barreira entre o que deve e o que não deve ser feito. Quem não se familiariza com ela ou a ignora ao fazer análises políticas, erra.

RENATO JANINE RIBEIRO: Sim. E opinião pública está muito associada à democracia. Opinião em grego é *doxa*. Um dos grandes filósofos da história, Platão (428-348 a. C.), discípulo de Sócrates (470-399 a.C.), tinha um desdém pela *doxa*, que ele não considerava algo bom. O bom era a ciência, o conhecimento, *episteme*. Essa discussão existe desde o começo do pensamento político: se o poder deveria estar na mão de quem detivesse conhecimento científico, os especialistas, ou se deveria ser decidido pela *doxa*, o senso comum, pela multidão. Até hoje, muita gente, sobretudo em período eleitoral, reclama da má qualificação de alguns candidatos. Há pessoas que propõem, por exemplo, que o candidato preste um exame para concorrer a um cargo público. Entre nós, por muito tempo, analfabetos não puderam votar – e quando tiveram direito ao sufrágio, em 1985,[1] já não eram tão numerosos (66% em 1900 e 50% em 1950). Na Bélgica do começo do século XX, quem tivesse ensino médio votava duas vezes e quem tivesse ensino superior, três. A questão sempre volta, e as pessoas desconhecem a origem antiga de tal questionamento: mais de 2,4 mil anos, com Platão.

Por isso, a palavra "opinião", ao longo da história do pensamento, é entendida como algo secundário. Cada um tem a sua e tanto faz. Gosto não se discute. Mas gosto, opinião, não é ciência, não é conhecimento. E depois de Platão, durante milênios, o poder fica concentrado nas mãos de reis que, muitas vezes, remetiam a deus ou a deuses. Enquanto alguém detinha a noção de "verdade" em política, não havia como levar opinião alguma em consideração. A opinião só vai se tornar importante de fato com o advento da democracia. Ou seja, quando a ideia de "verdade" sai de cena na discussão política.

A partir do século XVIII, a ideia de uma opinião difusa, pública, que não se sabe muito bem qual é, começa a ter importância. Por quê? Porque a opinião pública é difícil de captar. Hoje, há pesquisas de opinião, claro, mas a ideia de opinião pública continua sendo vaga. E é essencial que ela assim seja. Ela não se confunde com o voto nas eleições. Votos são objetivamente contados. Mas há uma fluidez na opinião pública, que se expressaria no voto conforme flutuações de preferências. As eleições espanholas de março de 2004 são um bom exemplo. A direita, no poder, era franca favorita, mas poucos dias antes do pleito, um atentado terrorista matou 193 pessoas na estação ferroviária madrilenha de Atocha. O governo prontamente responsabilizou os separatistas bascos e usou o atentado para acusar a oposição socialista de ser tolerante com eles. Mas, quando ficou provado que o atentado fora cometido por islamistas, a opinião pública basculou em apenas dois dias e deu vitória ao Partido Socialista. Outro exemplo são as eleições de 2014, no Brasil, em que se reelegeu Dilma Rousseff com uma diferença de 3%, algo inteiramente normal e aceitável em democracias consolidadas. Contudo, a mudança imediata de política econômica a fez perder o apoio da esquerda, enquanto a direita contestava a legitimidade das eleições. Quando começou seu segundo mandato, Dilma já era bastante impopular e em apenas um ano e pouco foi afastada do cargo. Obviamente, há outros fatores importantes na sua destituição, mas a opinião pública mudou em poucos meses, logo após a reeleição.

Basicamente, a partir do advento da democracia, há eleições e, com elas, o voto expressa as escolhas do povo – a opinião geral do público – e embasa a democracia. Manifestada não apenas no dia da eleição, mas também no decorrer de todo o mandato, a opinião pública se mantém relevante – porque o governante, uma vez eleito, não fará tudo o que prometeu, e a opinião pública vai oscilar e indicar o termômetro de aprovação ou desaprovação.

O melhor termômetro existente são as pesquisas – uma forma de o governante acompanhar os acontecimentos, de se comunicar e se esclarecer. Eventualmente, a opinião pública pode ficar tão irada a ponto de destituir um político. (O Brasil passou por dois processos de impeachment desde a redemocratização.) Ao mesmo tempo, é difícil mensurá-la exatamente. Nesse caso, a mídia tem um papel importante. É um ponto delicado porque, por um lado, a mídia sustenta muitas vezes a opinião pública. Mas em um país extenso como o Brasil, com diferenças geográficas, culturais e sociais agudas, e com acesso bastante desigual aos órgãos de comunicação, é difícil saber exatamente o que o povo quer. Por outro lado, a mídia faz duas afirmações potencialmente conflitantes: que ela transmite a opinião do povo e também que tem função educativa, como agente formador de opinião.

Quando a mídia começa a formar a opinião pública, ela se qualifica como ator político proeminente, mas não tem um mandato atribuído por eleição. Mesmo assim, o poder da mídia deve ser considerado com ressalvas. Como já vimos, a última vez que a Globo conseguiu emplacar seu candidato presidencial foi nas eleições de 1998. Nem sempre a mídia é poderosa a ponto de as pessoas simplesmente acreditarem no que diz.

O rádio foi um veículo fundamental para a formação da opinião pública brasileira. Depois foi a TV e, recentemente, são a internet e as redes sociais – nesta data, sobretudo o WhatsApp. Mas qual a melhor forma de aferir a opinião pública? Através das pesquisas. Pesquisas bem-feitas, com perguntas não tendenciosas.

ACA: Como a opinião pública a partir de pesquisas é definida? Em primeiro lugar, opinião pública tem a ver com a mensuração por meio de pesquisas sobre o que pensam as pessoas dos temas públicos, aqueles que dizem respeito ao governo e à sociedade. Em segundo lugar, as pesquisas de opinião pública procuram saber como os indivíduos divergem e convergem e sobre o que concordam e discordam. Um terceiro elemento importante na definição de opinião pública tem a ver com o grau de informação de cada indivíduo. Por fim, é importante saber dados do indivíduo que interagem com o nível de informação de cada um – sexo, idade, escolaridade, região de moradia, religião, por exemplo. São esses os elementos básicos na definição da opinião pública.

Há departamentos inteiros formados por especialistas que sistematicamente procuram aprimorar e aperfeiçoar as técnicas de medição da opinião pública. Há vasta literatura sobre o tema também. É assunto sério e tratado cientificamente na área da ciência política. Tem erros? Sim, é possível, claro. Mas é ignorância tratá-lo como bobagem ou achismo. A ordem da pergunta no questionário tem impacto no resultado, por exemplo, e também o fraseado da pergunta – a maneira como ela é construída.² Tudo isso conta.

Quando se mede o voto, por exemplo, medem-se também variáveis da opinião pública – variáveis que mudam lentamente e variáveis que mudam rapidamente. Há os dois casos. Os valores da sociedade, por exemplo, demoram para mudar. Mas a intenção de voto pode mudar rapidamente no decorrer de uma campanha eleitoral. Além disso, há mudanças que ocorrem com velocidade intermediária, como a sensação de insegurança – a disposição de ficar em casa ou de sair na rua à noite em função do medo de ser vítima de crimes.

Pessoas que acreditam na ciência, por exemplo, tendem a aprovar governos que tomam decisões baseadas na ciência, enquanto pessoas religiosas tendem a tolerar com mais facilidade governos que tomam decisões sem embasamento científico. As pesquisas de opinião demonstram tendências dessa natureza e muito mais. Em meu livro *A cabeça do brasileiro*, por exemplo, mostro que os brasileiros acreditam fortemente em um destino traçado por Deus. A constatação permite afirmar que a sociedade justificaria mortes evitáveis como desígnios divinos. Em outras sociedades, que acreditam pouco em destino, a tolerância em relação a mortes evitáveis será menor. Essas questões estão relacionadas e podem ser aferidas pelas pesquisas de opinião pública.

O "jeitinho brasileiro", por exemplo. Só o fato de a expressão existir revela muito sobre o valor que atribuímos às regras formais e informais da sociedade. É um termo simpático que os brasileiros usam para descumprir regras em determinadas circunstâncias, e é aceito que todo mundo em algum momento vai poder descumprir alguma regra. Em países onde as regras são mais valorizadas e as pessoas aderem muito à lei, a noção de "jeitinho" é inconcebível. O termo não existe. O fato de não existir um termo parecido revela a intolerância à quebra de regras nesses lugares. É possível pesquisar tudo isso e saber como as pessoas pensam tanto em relação a valores enraizados, quanto a temas mais conjunturais. E a maneira de um povo pensar serve de fundamento para um governo agir de determinada maneira ou de obstáculo para a tomada de certas decisões. Nesse sentido, a opinião pública é de extrema relevância. E as pesquisas que procuram aferi-la cientificamente, também.

É por isso que sempre chamo a atenção para a interconexão entre a maneira de pensar das pessoas, do eleitorado, da sociedade e de seus governos. Os governos não estão aí por acaso, e sim porque realmente representam formas de pensar – eventualmente transitórias ou majoritárias. Os governos não vieram do espaço. Estão intimamente relacionados com a maneira de pensar de suas sociedades. A ex-chanceler (2005-2021) da Alemanha Angela Merkel nunca teria sido presidente do Brasil. Bolsonaro nunca seria eleito primeiro-ministro da Alemanha. Tudo isso por causa da opinião pública, da forma de pensar das respectivas sociedades.

RJR: Quanto mais elementos de aferição conseguir agregar, mais interessante será a pesquisa. A religião, como você disse, é relevante para qualquer pesquisa de opinião pública no Brasil. É digno de nota que muitos que melhoraram de vida no governo Lula atribuíssem seu sucesso à benevolência de Deus – porque frequentaram templos e foram religiosos – ou mérito pessoal – expresso em uma ética do trabalho – e ignorassem o papel das políticas públicas que favoreceram a ascensão social. Uma educação política robusta, inserida nos currículos de um ensino básico de qualidade, talvez permitisse melhor percepção analítica das ações governamentais, para aprová-las ou rejeitá-las, em vez de atribuir tanta importância à ação individual ou à graça divina.

27.
Financiamento de campanha eleitoral

ALBERTO CARLOS ALMEIDA: O tema sobre financiamento de campanha é sensível e muito debatido. Muita gente avalia o financiamento de campanha – a interferência do dinheiro no poder – como prejudicial à democracia. Não é o meu caso nem o do Renato. Mas há quem critique a influência do dinheiro nas campanhas eleitorais.

RENATO JANINE RIBEIRO: Sim, muitos acham que dinheiro de campanha é dinheiro perdido. Mas é bom lembrar que, na política, o dinheiro surge exatamente sem uma divisão nítida entre o público e o privado. Quando um Estado se consolida, ele fornece uma estrutura – de convivência, de comércio e de organização da vida em sociedade. Assim, estrutura também a política e, em países democráticos, o financiamento da política. Para ser democrática, a política precisa ser financiada: eleições, funcionamento do Parlamento, funcionários, publicidade dos atos implicam custos. Custos gastos em serviços positivos para a sociedade. Como já vimos, a ampliação do voto amplia a participação da sociedade e, consequentemente, amplia as políticas públicas de melhoria da vida dos mais pobres. A democracia custa dinheiro, assim como a monarquia, ou qualquer outra forma de sistema político de um país. A democracia custa caro? Uma ditadura custa muito mais.

Como se financia uma democracia? No Parlamento mais tradicional do mundo, o britânico, os lordes, membros da Câmara Alta, ou Câmara dos Lordes, eram ricos, e por muito tempo não precisaram de salário. Na Câmara Baixa, ou Câmara dos Comuns, os deputados passaram a receber salários a partir de 1911, quando se percebeu que alguns deles não tinham renda para sustentar a vida em Londres – não por coincidência, ao mesmo tempo que uma reforma reduziu o poder da Câmara dos Lordes – e quando deputados trabalhistas, nem liberais nem conservadores, começaram a integrar a política inglesa. Nos Estados Unidos, o primeiro congresso americano, em 1789, decide pagar seis dólares por dia aos parlamentares que participassem das reuniões. O pagamento era condicionado à presença no Congresso. No Brasil, a Constituição Imperial já menciona o pagamento de salário para a manutenção de seus membros: os deputados recebiam metade do que recebiam os senadores.

A ideia bastante difundida de que a função parlamentar deveria ser gratuita não faz sentido. Um pobre tem condições de se eleger? De ser político? Não. A ausência de pagamento excluía os pobres da política. Por isso, o pagamento é um instrumento relevante de ampla inclusão na participação política nas sociedades.

Mas tudo o que descrevi até aqui foi para chegar ao financiamento de campanha propriamente dito. Toda campanha eleitoral requer dinheiro: para material de propaganda, para comícios, para deslocamento e montagem de palanques. Depois, para propaganda no rádio e na TV. O horário político é "gratuito", mas o governo paga às emissoras de TV e rádio. O dinheiro sai do orçamento público. E, mais recentemente, há custos de divulgação nas redes sociais – como Facebook e Instagram. O custo de campanha pode ser variado? Pode, claro. Uma equipe boa custa mais caro do que uma equipe menos experiente por exemplo. Esses são os custos mais comuns em uma campanha.

Mas há também custos adicionais, menos visíveis – para estratégia de campanha, marketing, pesquisas de opinião pública, consultores para ajudar o candidato a entender e alcançar seu público, os eleitores. Todo político precisa primeiro entender seu público antes de conseguir alcançá-lo: entender os diferentes segmentos da sociedade e seus respectivos sentimentos e expectativas. Com exceção de políticos muito intuitivos, ou que dispõem – geralmente em eleições proporcionais – de um nicho cativo de eleitores, isso também custa dinheiro. Há quem defenda a mudança, no Brasil, para o voto distrital com o argumento de que baratearia as campanhas. Sim, é verdade. Mas não pense que há democracia sem financiamento. O financiamento sempre será necessário. A democracia nunca será de graça.

ACA: Ou seja, e concordando com você, Renato, o salário dos parlamentares surge quando os pobres entram na política – quando os operários se tornam políticos –, significando que a participação ampla e democrática exige pagamento de salário. Não fosse assim, só quem não depende de trabalho para viver poderia entrar na política. Parece bastante claro.

Sobre financiamento de campanha, é um tema permanentemente em debate no mundo inteiro. Há países que proíbem financiamento público, como os das Américas e da Ásia, e há países que dão muita ênfase ao financiamento público, como os da Europa. No site do International Institute for Democracy and Electoral Assistance (International IDEA), há um relatório extenso e abrangente que detalha o financiamento de campanhas pelo mundo.

Qual é a crítica em relação ao financiamento de campanha baseado majoritariamente no orçamento público? Que tal sistema favorece partidos já dentro do jogo político e fecham as portas para novos políticos e novos partidos. Ele, então, contribui para oligarquizar a política. E qual a crítica ao financiamento privado? Que as empresas financiadoras não dão dinheiro por bondade, mas em busca de algum benefício posterior, como uma legislação que a favoreça. São os principais argumentos contra os dois modelos de financiamento, privado e público. No relatório citado do site do International IDEA, sugere-se o financiamento misto, composto por dinheiro público e privado, de maneira equilibrada.

Mas falando especificamente sobre o contexto brasileiro, sabemos que, hoje, está proibido o financiamento privado por empresas – é permitido o financiamento privado apenas por intermédio de indivíduos.

E como o dinheiro é gasto? Além das formas já mencionadas, há outra. No Brasil, muitos políticos consideram fundamental o dinheiro gasto com cabos eleitorais. Comerciantes, pessoas com liderança em alguma comunidade, com alguma força de influência, que recebe em dinheiro direta ou indiretamente para conquistar votos. Faz parte da campanha, não é só marketing, material etc. É preciso ter isso em mente, que o trabalho dos cabos eleitorais não é voluntário, é sempre pago. Por exemplo, o que ocorre em uma campanha para prefeito? Muitas vezes, o prefeito financia a estrutura de campanha de vereadores que, em contrapartida, trabalham não apenas pela campanha individual, mas também pela campanha do prefeito que os patrocina. Nesse caso, o grande financiador de campanhas legislativas são os candidatos ao Executivo. A nossa campanha é muito cara por conta do que acabo de descrever. A mesma lógica serve para a campanha para presidente. Ressaltando, claro, que o candidato ao Executivo não usa o próprio dinheiro, mas sim o oriundo de doações privadas individuais e do fundo partidário, um recurso específico previsto em lei para financiar as campanhas. Sem contar o famoso caixa dois: dinheiro advindo de fontes ilegais, que contrariam as regras eleitorais.

Tudo isso contextualiza um pouco o funcionamento formal e informal do financiamento de campanhas eleitorais no Brasil.

Esse tipo de corrupção diminuiria com uma lista fechada para as eleições proporcionais? Provavelmente. Mas também não significa que a corrupção não aconteceria na hora da formulação da lista.

RJR: Exatamente. E o voto distrital, ou com lista fechada, ajudaria também a diminuir o número de candidatos, que hoje é enorme. Isso por si só ajudaria também a diminuir a corrupção.

ACA: No sistema eleitoral distrital, o dinheiro precisa ser gasto no distrito de campanha do candidato. Mudar o sistema eleitoral poderia ser um instrumento de contenção da corrupção. Por exemplo, no voto proporcional com lista, o eleitor vota diretamente no partido e não no indivíduo. No caso do sistema proporcional no Brasil, o voto personalista é uma fonte relevante de corrupção eleitoral. Como são muitos candidatos, muitos nomes, para ser candidato é preciso muito dinheiro com o objetivo de fazer o nome do candidato aparecer em meio a tantos concorrentes.

Por último, é importante ter em mente que o financiamento de campanha é político. E a política tem relação com o poder. Ninguém é mais poderoso do que os políticos, responsáveis por tomarem as decisões que ditam os rumos da sociedade – compras governamentais, por exemplo, que são muito relevantes. Se as empresas têm interesse em serem fornecedoras do Estado e os políticos têm interesses em fundos para campanha, pode ter certeza que o dinheiro vai chegar. Não apenas no Brasil. Isso ocorre no mundo inteiro. Não tem jeito.

Como estão sempre em uma competição feroz entre eles, os políticos estarão sempre buscando mais dinheiro, para si e para seu partido – mesmo que seja necessário agir no limite do que a lei permite, ou até passar desse limite. Por isso mesmo, a luta por uma campanha limpa e sem corrupção é uma luta que não acaba. Aqui e no restante do mundo. Talvez a luta mais permanente, nas democracias, seja assegurar que o dinheiro não tenha mais poder de influência do que a vontade dos cidadãos comuns.

RJR: Por último, vale ressaltar que no Brasil a campanha contra o financiamento público é muito forte. Diz-se, pejorativamente, que a sociedade paga as campanhas, e que isso é ruim. Já mostramos que o financiamento público é um instrumento importante de inclusão de pessoas mais pobres no protagonismo da vida política do país. Em favor do financiamento público, é preciso ser dito: é melhor um critério único e transparente de financiamento, independente dos ricos, do que o financiamento de candidatos escolhidos pelos ricos, com mais chances de emplacar. É uma discussão que vale a pena e que deve ser feita ética e politicamente. O que não pode é criminalizar genericamente toda a atividade política.

28.

A Justiça como ela é – conversas com Bárbara Lupetti

ALBERTO CARLOS ALMEIDA: Para dialogar sobre o caro tema da Justiça, temos uma convidada, a professora Bárbara Lupetti, que é professora adjunta da Faculdade de Direito da Universidade Federal Fluminense, professora permanente do Programa de Pós-graduação Stricto Sensu da Universidade Veiga de Almeida e pesquisadora do INCT-InEAC – Instituto de Estudos Comparados em Administração Institucional de Conflitos. Bárbara, no Brasil, como funciona a Justiça na prática? Ou seja, a Justiça como ela é, e não apenas como deveria ser. Quais são suas características? E quais as consequências de suas características?

BÁRBARA LUPETTI: Há aspectos e marcas do sistema de Justiça que não aparecem nos manuais da dogmática jurídica. O conhecimento teórico produzido pelo campo do Direito é muito voltado para questões normativas, que idealizam como as coisas deveriam ser e que, portanto, idealizam o sistema de Justiça. Na prática, esse sistema não tem correspondência nos manuais da dogmática. O Direito acaba sendo incompreensível para a sociedade civil. E mesmo pessoas cultas têm dificuldade de compreender o sistema de Justiça.

Mas uma interdisciplinaridade de saberes, com a articulação entre diferentes áreas – como o Direito e a Antropologia, no meu caso –, revela um viés do sistema de Justiça implícito para o campo do Direito e obscurecido pelos manuais que tratam de como o Direito deveria ser. Os manuais de Direito Processual Penal, por exemplo, delineiam um sistema processual penal idealizado que não tem nenhuma correspondência com o sistema processual penal da vida real. Incomodada com essas incoerências e ambiguidades, comecei a fazer pesquisas que pudessem iluminar as características da Justiça como ela é.

Alguns dogmas aprendidos no curso de Direito não têm nenhuma correspondência com a realidade. Ensina-se, por exemplo, que o que não está nos autos do processo não está no mundo, que o juiz está limitado ao processo, que não pode buscar respostas fora do que está nos autos. Isso não se cumpre na prática. Não por coincidência, a frase "O bom advogado conhece a lei, o melhor conhece o juiz" é recorrente nos corredores dos fóruns. Existe um mundo que está fora dos autos, mas que está dentro do juiz, e que é fundamental. Isso revela aspectos práticos do sistema de Justiça que escapam aos manuais – que têm a ver com relações de pessoalidade, ideologias, vieses políticos, estratégias de advocacia.

E, de fato, a lei no Brasil não constrange a sociedade nem o Poder Judiciário. A pandemia da Covid-19 exemplifica isso. Desde o primeiro momento, mesmo quando havia leis de distanciamento em vigor, muitos bares permaneciam lotados e boa parte das pessoas viviam normalmente, sem nenhum constrangimento. Mesmo com a polícia por perto. No Brasil, a forma de lidar com a lei é compreendê-la como algo que não é aplicada para todo mundo. O brasileiro entende a lei como algo feito para punir e garantir a ordem, não como instrumento de garantia de direitos. Essa mentalidade se reflete também no sistema de Justiça. A lei não constrange sequer os juízes, sequer o sistema de Justiça. É algo completamente fora de lugar se a gente se imagina como uma república e não como uma sociedade aristocrática. E se o Poder Judiciário não é constrangido pelas Leis, como os cidadãos brasileiros o serão? A pedagogia da justiça é de que a Lei não se aplica a todos igualmente.

Muitas vezes, o sistema de Justiça desloca a lei porque ela atrapalha. A Lava Jato é um exemplo. Se os procuradores e a força-tarefa tivessem se valido dos rigores da lei, não teriam conseguido alcançar os fins que planejavam, na lógica – ao menos discursivamente – anticorrupção. É como se o devido processo legal, no Brasil, atrapalhasse. E como se os fins justificassem os meios. É uma lógica inquisitorial, não é uma lógica republicana.

Entrevistei mais de oitenta juízes para a minha tese de doutorado, e muitos afirmaram que é necessário ir além das leis para fazer justiça.[1] Essa é uma lógica estrutural do sistema de Justiça. Nas Cortes Supremas, o controle das pautas e do momento dos julgamentos é exercido pelos próprios juízes. Os pedidos de vista, por exemplo, são usados muitas vezes de maneira estratégica. E, a despeito das leis, esse controle é absolutamente pessoal. Por isso mesmo, há um setor de movimentação dos magistrados que os advogados acompanham para saber quando um juiz entra de férias, faz aniversário, se aposenta etc., porque, de acordo com o juiz em exercício, um pedido de adiamento pode ser ou não vantajoso do ponto de vista estratégico. Isso é determinante para as estratégias dos advogados. E demonstra aspectos que escapam aos manuais, que estão presentes no mundo das práticas, das estratégias, das ideologias, e que não são revelados. Os Tribunais de Justiça do Rio, de São Paulo e do Mato Grosso, por exemplo, têm visões diferentes sobre os honorários de perito. O efeito disso é a distribuição completamente desigual do sistema de Justiça. O indivíduo pode ter a sorte de ser ora cidadão paulistano, ora cidadão carioca, ora gaúcho, a depender da interpretação que o tribunal vai aplicar a cada caso. E as Cortes Superiores, que deveriam entrar em consenso em relação à interpretação da lei, não o fazem.

RENATO JANINE RIBEIRO: Você apresenta questões muito interessantes que expressam o quanto uma sociedade desigual resulta, também, em um sistema de Justiça desigual. Ainda assim, penso que divergências de interpretação entre juízes são naturais em qualquer lugar do mundo e acabam fazendo parte do movimento da jurisprudência presente no sistema de Justiça peculiar a cada país.

BL: Sim, na Alemanha, nos Estados Unidos, na Espanha, no Reino Unido sempre haverá divergência jurisprudencial. O que dificilmente há nesses países é a ausência absoluta de consenso e o poder delegado a qualquer juiz. Um juiz do interior de uma cidadezinha no Rio de Janeiro julga contra o STF e isso não causa nenhum problema. Por quê? Porque cada juiz parte do princípio de que a sua verdade é a sua justiça. Nesse sentido, a forma como o sistema de Justiça brasileiro se atualiza é uma forma que autoriza um padrão de arbítrio incontrolável, que é confundido com a ideia de independência. Cada juiz se considera independente. Mas o espírito de precedente, importante no sistema de Justiça, existe justamente para vincular os juízes – que não deveriam agir como atores independentes e autônomos a ponto de acharem que podem fazer o que quiserem. Não podem.

Isso tem muito a ver com o que eu disse anteriormente: a lei não constrange a sociedade brasileira, incluindo o Judiciário. O resultado é um Judiciário legislador e um sistema de Justiça desigual.

ACA: Recentemente, a ministra Rosa Weber manteve presa uma pessoa que roubou dois frascos de xampu, e o ministro Gilmar Mendes liberou da prisão uma pessoa que roubou uma picanha. Como entender isso? Eu, leigo, acho que xampu e picanha são equivalentes. E que não faz sentido uma pessoa ficar presa e a outra ser solta.

BL: A situação começa dentro da própria delegacia. Há delegados que nem sequer vão registrar uma ocorrência como essa. Há membros do Ministério Público que nem sequer vão fazer uma denúncia como essa. E há juízes que não vão condenar. Mas esses dois casos chegaram ao STF. E receberam tratamentos completamente diferentes. A ideia de independência é uma ideia de ausência de controle das decisões judiciais, que permite inclusive a incoerência dos próprios magistrados. Às vezes, o juiz é incoerente consigo próprio. No caso da lista tríplice dos reitores das universidades, o mesmo ministro, Edson Fachin, deu uma decisão num sentido e, meses depois, outra no sentido contrário. E ambas estão fundamentadas. Por isso, há o ditado: "O Supremo erra por último." Não há como recorrer depois de uma decisão de mérito tomada pelo colegiado do Supremo Tribunal Federal (STF).

RJR: É assim em todas as partes do mundo?

ACA: Donald Trump alegou fraudes nas eleições de 2022 e entrou com recurso na Justiça de vários estados dos Estados Unidos e em várias instâncias. Todos os juízes decidiram que não houve fraude. Fosse no Brasil, um juiz de primeira instância diria que sim, houve; outro diria que não, não houve. A depender da turma no STJ, a decisão também poderia ser diferente. E seria uma confusão.

RJR: Pois é. O ENEM, um exame nacional, já foi suspenso várias vezes por juízes de primeira instância de uma cidade qualquer. Tanto que, quando fui ministro da Educação, um dos pontos cruciais para a preparação do ENEM era garantir que a Advocacia-Geral da União (AGU) ficasse a postos para derrubar esse tipo de liminar que, às vezes, era concedido na manhã de sábado, pouco antes de abrirem os portões às 13 horas para começar o exame.

ACA: E o WhatsApp também. Já foi suspenso no país inteiro como efeito da decisão de um juiz de primeira instância.

BL: Tudo isso revela, sobre a nossa Justiça como ela é, a ideia de uma desigualdade internalizada. Esse sistema funciona muito bem em um país desigual como o nosso – isto é, funciona muito bem a serviço da manutenção de uma lógica de desigualdade.

Porém, há ferramentas para consertar isso? Sim. Por exemplo, fortalecer um sistema de precedentes – tal qual ocorre nos Estados Unidos; privilegiar a tomada de decisões colegiadas em lugar de decisões monocráticas, tomadas individualmente; limitar o livre convencimento do juiz, a superindependência dos magistrados, ou seja, limitar a liberdade do juiz pescar, nos autos, as provas que lhe interessam apenas, que favoreçam a decisão que tomou; aumentar o controle e a fiscalização das decisões judiciais – o Conselho Nacional de Justiça (CNJ) existe desde 2005 e até hoje só aplicou 87 punições,[2] pouco, diante das tantas irregularidades que ocorrem.

As disfuncionalidades não são corrigidas, muitas vezes, porque o sistema de Justiça tem seus ganhos secundários. É a Justiça como ela é.

RJR: O que a Bárbara expôs mostra que há um conflito entre a Justiça, como sinônimo do poder chamado Judiciário, e a justiça como valor ético a fundar as relações boas entre os seres humanos.

29.

Quatro mitos sobre a política

ALBERTO CARLOS ALMEIDA: O primeiro mito bastante comum é a crença de que a corrupção é uma questão de caráter individual. Será mesmo?

RENATO JANINE RIBEIRO: Pois é. E uma ideia muito falha. Em primeiro lugar, corrupção, na verdade, só existe no regime republicano. Pode parecer paradoxal, mas é porque aquilo a que chamamos de corrupção, nos regimes monárquicos tradicionais, nas ditaduras, é inteiramente natural. Quando surgem as monarquias, não há um tesouro público separado do dinheiro do rei, está tudo misturado: público e privado. Para haver corrupção, é necessário, antes de mais nada, separar o que é de direito privado e o que é de direito público. Ou seja, só há corrupção em um regime que não admite vantagens privadas com dinheiro público.

Em meu livro *A República*,[1] desenvolvo essa questão. A tese principal é: somente quando a república é valorizada – isto é, a *res publica*, a coisa pública, o bem comum –, a corrupção passa a existir. E existe como um grande, o maior dos problemas. Uma república corrupta é uma enorme contradição. Por isso, o combate à corrupção é um dos pontos fundamentais nos regimes republicanos modernos.

Agora, o que queremos questionar é o mito de que a corrupção seja sinal de indecência particular de um indivíduo; de que, se acharmos pessoas honestas, a corrupção deixará de existir. Não é verdade. O grave, na política de hoje, é que gente honesta se corrompe para ajudar o partido em campanhas eleitorais. Não é questão de caráter, mas de um sistema em que a corrupção passa a ser funcional.

ACA: Os estudos científicos associam maiores índices de corrupção a países ocidentais de formação católica e menores índices de corrupção a países ocidentais de formação protestante. Não é uma questão de caráter. A maneira como uma sociedade é formada tem influência no comportamento dela. Então, o que significa? Que existe um componente cultural. O calvinismo, por exemplo, nasce para, entre outras coisas, lutar contra a corrupção católica. E isso deixa alguma marca nas sociedades que nasceram a partir dessa visão de mundo.

Além do elemento cultural, há também o institucional. Em relação ao Brasil, por exemplo, pensemos sobre o nosso sistema eleitoral. Para ser eleito, o candidato precisa de dinheiro. Ele pode usar o próprio dinheiro? Sim. Mas não é o que acontece. Muitas vezes ele pega dinheiro emprestado. Depois, quando vence, como paga? Com obras, com licitações. E aí há corrupção. Vira um sistema piramidal, que engloba desde vereadores a prefeitos, governadores e presidentes. Esse é um exemplo de corrupção institucional. Há um arranjo institucional que incentiva a corrupção, e que não necessariamente está ligado ao caráter da pessoa.

RJR: Isso mesmo. Por exemplo, quando houve as grandes manifestações de 2013, discutiu-se incluir corrupção na lista dos crimes hediondos. Um crime hediondo é um crime para o qual não há progressão da pena, liberdade condicional, nem direito a prisão domiciliar. Mas o que caracteriza um crime hediondo? A falta completa de piedade; hediondo é aquele crime cometido pelo prazer do sofrimento alheio. Nesse sentido, corrupção é um crime hediondo? Não. Porque é um crime cometido a distância. É um crime horrível, sim. E precisa ser intolerável. Mas não é hediondo. Pelo menos não no sentido da crueldade, de alguém cometer algo horrível, sentindo indiferença ou mesmo prazer ante o sofrimento alheio.

A lei dos crimes hediondos, entre nós, veio logo depois do horrível assassinato de Daniella Perez, atriz de apenas 22 anos, em 1992, pelo ator que contracenava com ela em uma novela. Sua mãe, a dramaturga Gloria Perez, lutou pela aprovação da lei. O que tinha acontecido? Um rapaz que era seu par romântico na TV a matou, de forma cruel, porque perdeu o papel de destaque que tinha na novela. O crime foi hediondo porque uma pessoa que tinha relação próxima com a vítima não teve nenhuma piedade em relação a ela. Na verdade, a ideia de algo hediondo pressupõe que haja crimes não hediondos; por exemplo, o furto ou mesmo roubo sem ferir ou matar. Ora, o que temos na corrupção? O corrupto está longe das suas vítimas, daquelas pessoas que ficarão sem escola, sem posto de saúde, sem cultura, devido a seu crime. A corrupção é algo abstrato, distante. Muitos corruptos devem ser pessoas muito agradáveis, capazes até de ajudar financeiramente os pobres – as suas vítimas no atacado, mas que ele trata bem no varejo. Por isso, tornar hediondo esse crime significaria mudar o conceito de hediondo: deixaria de ser a crueldade do criminoso, fazendo sofrer a vítima à sua frente, e passariam a ser os efeitos de sua ação.

Estamos acostumados a uma ideia de corrupção na qual o político põe o dinheiro público no próprio bolso. Essa ideia de corrupção se baseia na ideia de furto. O corrupto é um ladrão. Mas, com as campanhas eleitorais, muda a questão. O corrupto não necessariamente coloca dinheiro no bolso. Muitas vezes, ele apenas junta dinheiro para fazer campanha. Ele desvia dinheiro para a campanha ou o partido, não para si próprio.

E não pensem que isso ocorre só no Brasil. Nos Estados Unidos, quando houve a invasão ao Afeganistão e Iraque, o vice-presidente, Dick Cheney, que tinha empresas envolvidas no esforço de guerra, ganhou muito dinheiro. Na França, o ex-presidente Nicolas Sarkozy foi condenado por crime de corrupção no financiamento de campanha. Acontece em toda a parte.

Cabe uma pergunta ao eleitor: o sistema eleitoral brasileiro, baseado no voto direto no candidato, custa muito caro. Mas você quer que mude? Você gostaria de votar em um partido, não em Fulano ou Beltrano, isto é, numa lista fechada em vez de aberta? Sabendo que o partido internamente decidiu a ordem da lista, ou seja, priorizando quem tem mais chance de ser eleito? Se você não quer isso, nem o voto distrital, que também tem seus problemas, lembre-se de que estará apoiando um sistema eleitoral mais propenso à corrupção.

ACA: Outro mito que gera muita discussão é sobre a pesquisa eleitoral determinar ou não o resultado. Ela influencia o voto diretamente? O eleitor vota de acordo com as pesquisas? Escolhe seu candidato de acordo com quem tem mais chance de ganhar?

RJR: Já vi gente dizer que não quer jogar o voto fora, votar em alguém que vai perder. É um tipo de eleitor que talvez seja influenciado pelas pesquisas. O que você pensa a respeito, Alberto?

ACA: Ele pode ser influenciado até por uma pesquisa que porventura faça com sua família e amigos. Não dá para saber. Mas o que a literatura de ciência política afirma? Para a ciência, o que de fato influencia o voto? Respondo: a visão de mundo do eleitor; a preferência partidária; a avaliação do governo; o nível de informação; o relacionamento com familiares e amigos; o status socioeconômico; as propostas dos candidatos. Tudo isso está documentado com estudos científicos.

Mas quais são os obstáculos cognitivos para uma pesquisa influenciar o voto? Primeiro, o eleitor precisa ter acesso aos resultados das pesquisas. Segundo, ele precisa confiar nos resultados. Terceiro, ele tem que entender minimamente os dados. Quarto, se houver divergência entre os resultados, o eleitor precisa arbitrar, decidir quais estão corretos e quais estão errados. Quinto, ele tem que converter os resultados da pesquisa em chances de vencer. Tudo isso precisa acontecer para que uma pesquisa possa influenciar os resultados de uma eleição. Na prática, as pesquisas não influenciam os resultados. E mostro isso no meu livro *A cabeça do eleitor*.[2] Com base nas pesquisas realizadas para este livro, é possível afirmar categoricamente que é um mito, que as pesquisas não influenciam os resultados.

RJR: Mas as pesquisas não ajudam, eventualmente, a eliminar candidatos com pouca intenção de voto? Ou seja, não influenciam os eleitores a descartar aqueles candidatos com pouquíssima intenção de voto? Como Marina Silva, no Partido Socialista Brasileiro (PSB) em 2014, e João Amoedo, do Partido Novo (PN) em 2018?

ACA: Até poderia ser. Mas veja o seguinte: a pesquisa é uma coisa, mas o candidato que está fraquinho, tem um histórico, certo? O partido dele geralmente é pequeno, com poucos recursos financeiros, representa pouca gente. Vamos pegar o exemplo do Levy Fidélix, por exemplo, político do Partido Renovador Trabalhista Brasileiro (PRTB). Ele era representativo de quê? Ele decidiu que queria ser candidato, mas sem representar muita gente, sem base social. O fato de ele não ter voto está ligado a circunstâncias que antecedem as pesquisas. É muito difícil separar essas circunstâncias das pesquisas. Por isso, considero muito improvável as pesquisas influenciarem os eleitores a descartar um candidato. Eles são descartados por outras razões, independentemente das pesquisas. Inclusive porque a política é extremamente competitiva.

Acreditar que o eleitor vê uma pesquisa e vota em quem ela diz que vai ganhar é achar que o candidato em questão é uma folha em branco, sem valores e princípios, sem crenças, como se não estivesse inserido na sociedade. Ele está. E tem suas ligações sociais. Tudo isso conta.

RJR: Perfeito. E mais uma pergunta: há pesquisas compradas? Muita gente diz que há. É verdade?

ACA: Uma vez aconteceu de um candidato à eleição municipal de uma cidade pequena me procurar e dizer que queria pagar por uma pesquisa que o favorecesse. Claro que eu disse que não faria. Mas há empresas que fazem? Não sei. Não é impossível.

RJR: Para concluir, eu lembraria a eleição para prefeito de São Paulo de 2012, quando o PT tinha uma candidata com piso elevado, a Marta Suplicy, mas Lula preferiu lançar um candidato que era praticamente desconhecido, o Fernando Haddad. Qual foi a aposta de Lula? Não foi o piso, não foi pesquisa, foi o teto. Ele percebeu que Marta tinha um teto baixo, pouca margem para crescer e ganhar mais votos. E por isso escolheu um nome novo, que poderia crescer durante a campanha. Isso contribui para a ideia de que pesquisa não elege candidato. Porque, se fosse pela pesquisa, jamais Haddad teria sido candidato a prefeito em 2012, e vencido as eleições.

ACA: O terceiro mito diz respeito à ideia de que há formador de opinião. Formador de opinião não existe. Sempre disse isso. E foi uma grande satisfação, em inúmeras conversas com o Renato, ver que ele tem a mesma visão sobre o tema. Formador de opinião é um mito baseado no pressuposto hierárquico – de que há pessoas que formam e pessoas que são formadas.

RJR: O que supõe esse argumento? Basicamente, que a classe média é formadora da opinião da classe pobre. Vamos dar nome aos bois: esse argumento supõe que os mais ricos formam a opinião da sociedade. Concretamente, nunca vi isso acontecer. Nunca vi patrão formar opinião de empregado. Nunca vi patrão chamar seus funcionários e dizer: "Olha, vocês vão votar em Fulano." Quando isso acontece, há um choque. Porque não é natural. Aliás, ocorreu em 2018 e em 2022, quando em grandes empresas, como a Havan, o dono chamou os empregados para dizer que, caso seu candidato não ganhasse, as lojas seriam fechadas e eles perderiam o emprego – mas não é comum. E mesmo quando ocorre, não significa de fato que o patrão consiga convencer o funcionário.

A ideia por trás do mito do formador de opinião é a de que o eleitor mais pobre não tem opinião sobre nada, que vai ouvir a opinião de outro hierarquicamente superior, e, sem pensar nos seus próprios interesses e valores, ter a sua opinião formada passivamente.

Outro fundamento por trás desse mito é a ideia de que a classe média vota por convicção e os pobres votam por manipulação. É uma forma de preconceito. No fundo, é uma recusa de que os pobres possam ter os próprios interesses e identificar quais são; e a crença de que a classe média não age pelos seus interesses, mas por convicção, pelo bem de todos. Não faz sentido. Está totalmente errado. Do ponto de vista conceitual, é uma ideia preconceituosa. E não corresponde à realidade.

ACA: Exatamente. E há outra versão desse mito: a ideia de que a mídia forma a opinião do povo. Mas as pessoas têm valores, crenças, princípios, estão inseridas na sociedade – não são uma folha em branco como se pensa.

Muitos americanos usam a expressão "líder de opinião". Por quê? Porque as opiniões mudam com o passar do tempo. O líder é aquele que muda primeiro. É um termômetro. Mas não formador. Ninguém tem o poder de formar a opinião de uma sociedade inteira. É uma ideia fantasiosa.

RJR: Insisto: esse mito é extremamente elitista. Ricos e pobres votam de maneira diferente em todo lugar do mundo. Isso é normal. As pessoas, de acordo com sua renda, têm interesses diferentes. Numa sociedade democrática, renda e riqueza são fatores determinantes para a divisão dos votos.

ACA: O que acho impressionante é a facilidade com que as pessoas aceitam o mito do formador de opinião, completamente baseado em nosso elitismo, em nossa sociedade brasileira, muito hierarquizada. Pensa-se que as pessoas menos escolarizadas são ingênuas, ninguém nasceu ontem. Não são. Elas têm seus interesses. Elas veem, do seu ponto de vista, o que está acontecendo. Suas opiniões não são formadas pelos outros, mas pelos seus valores.

RJR: E pode haver ingenuidade de todos os lados. Muita gente da classe média votou em um governo, por exemplo, que, ao não proteger o meio ambiente, prejudica o desenvolvimento econômico do país. Em 2023, foi no Sul do país, onde o candidato Bolsonaro teve mais votos, que os moradores mais sofreram com as enchentes – fruto em boa medida do descontrole ambiental que o candidato deles promoveu. As pessoas cometem erros. E a ideia de que só os pobres erram é completamente preconceituosa.

ACA: O quarto e último mito é recorrente em conversas sobre política. Muita gente acredita que a corrupção é menor nas ditaduras – que ela não existe ou que é muito menor do que nas democracias, porque as democracias possibilitariam a corrupção eleitoral. É mais um dos mitos sobre a política.

RJR: Há várias ideias que sustentam esse mito. Em primeiro lugar, esta que o Alberto já mencionou: que as eleições possibilitam a corrupção eleitoral, porque custam dinheiro e envolvem troca de favores. Em segundo lugar, há a ideia de que, nas ditaduras, os melhores profissionais governam – em vez de governarem os que seduzem o povo através de campanhas eleitorais por vezes mentirosas –, porque são geridas por militares, profissionais de carreira, promovidos em um sistema hierárquico rigoroso. Não é verdade. Muitos militares são promovidos por tempo de serviço apenas. E pessoas mais capazes nem sempre galgam cargos importantes, em qualquer carreira, inclusive a militar.

Mas, sobretudo, os grandes problemas das ditaduras são a falta de informação e de transparência – que favorece todo tipo de negócio escuso. Se há corrupção nas ditaduras, nem sequer ficamos sabendo. Algumas pessoas mais velhas, que viveram a ditadura brasileira, dizem que "não havia tanta corrupção". Ora, se olharmos os últimos anos da ditadura, quando começou a haver alguma liberdade de expressão, foram muitos os escândalos de corrupção. Não é que a corrupção tenha aumentado na democracia. Aumentou, sim, a percepção da corrupção, justamente por causa da transparência que a democracia implica. Para percebermos a corrupção, é necessário que haja uma imprensa livre e um governo que publica seus atos. São ferramentas que não existem nas ditaduras. Sem publicização dos atos e sem imprensa livre, a sociedade não fica sabendo se há ou não corrupção.

Finalmente, um ponto decisivo é o fato de o voto permitir que os políticos do governo se alinhem com os interesses populares. É pelo voto que o governo tem a melhor maneira de saber se o que está fazendo agrada ou não ao povo, se está ou não cumprindo sua missão. Um governo ineficaz dificilmente será reeleito. Na ditadura, não há o controle popular. Um governo ditatorial pode tomar decisões erradas e não sofrer nenhuma consequência. Porque, sem voto, ele continua a governar. A democracia não é perfeita. Mas possibilita controles inexistentes nas ditaduras; controles sobre o que o governo faz e não faz – e isso também colabora para que haja menos corrupção.

ACA: Exatamente. Como se mede a corrupção? Ela costuma ser praticada às escondidas. É quase impossível medi-la. Os estudos acadêmicos concluem isso. Os estudos medem a corrupção pelo índice de percepção, que tem a ver justamente com imprensa livre e transparência governamental. Se as ditaduras não admitem conflitos e divergências, muito dificilmente as corrupções são reveladas. Por quê? Porque qualquer denunciante será retaliado.

Além disso, a percepção depende da sensibilidade da sociedade acerca da corrupção. Então, em muitos indicadores, consideramos os países nórdicos com menor nível de corrupção, porque, na verdade, eles têm maior nível de percepção da corrupção. A sociedade é muito mais exigente com relação à corrupção. É mais sensível. Isso também é relevante. A sensibilidade das sociedades influencia o índice de percepção da corrupção.

RJR: Ou seja, percepção da corrupção não é igual a corrupção. Se percebemos um nível maior de corrupção nas democracias, é porque as democracias oferecem as ferramentas para tal. Se não percebemos nas ditaduras, é por uma razão óbvia: porque não há imprensa livre nem publicidade dos atos do governo. Ou seja, é mito achar que os ditadores são mais honestos do que os políticos das democracias.

BIBLIOGRAFIA SELETA

ALMEIDA, Alberto Carlos. *A cabeça do brasileiro*. Rio de Janeiro: Record, 2018.

_____. *A cabeça do eleitor*: estratégias de campanha, pesquisa e vitória eleitoral. Rio de Janeiro: Record, 2008.

_____. *A mão e a luva*: o que elege um presidente. Rio de Janeiro: Record, 2022.

_____. *Erros nas pesquisas eleitorais e de opinião*. Rio de Janeiro: Record, 2009.

_____. *O dedo na ferida*: menos imposto, mais consumo. Rio de Janeiro: Record, 2010.

_____. *O voto do brasileiro*. Rio de Janeiro: Record, 2018.

_____. *Parlamentarismo, presidencialismo e crise política no Brasil*. Niterói: Eduff, 1998.

_____. *Por que Lula?* Rio de Janeiro: Record, 2006.

_____. *Quem disse que não tem discussão?*: Política, religião e futebol. Rio de Janeiro: Record, 2012.

ANDERSON, Perry. *Linhagens do Estado absolutista*. São Paulo: Editora UNESP, 2016.

ARENDT, Hannah. *As origens do totalitarismo:* antissemitismo, imperialismo, totalitarismo. São Paulo: Companhia das Letras, 1991.

BAGEHOT, Walter. *The English Constitution*. Fontana Collins, 1983.

BOBBIO, Norberto. *Direita e esquerda:* razões e significados de uma distinção política. São Paulo: Editora Unesp, 1995.

_____. *Igualdade e liberdade.* Rio de Janeiro: Ediouro, 1995.

BURKE, Edmund. *Reflexões sobre a revolução na França.* Brasília: Editora Universidade de Brasília, 1982.

CLARK, Gregory. *The Son Also Rises.* Princeton University Press, Princeton, 2014.

FREUD, Sigmund. *O futuro de uma ilusão.* Porto Alegre: L&PM, 2010.

FURET, François. *O passado de uma ilusão.* São Paulo: Editora Siciliano, 1995.

HUME, David. *Ensaios morais, políticos e literários.* Rio de Janeiro: Topbooks, 2004.

LUPETTI, Bárbara. *Paradoxos e ambiguidades da imparcialidade judicial.* Porto Alegre: Sérgio Antônio Fabris Editor, 2013.

MANSO, Bruno Paes. *A república das milícias:* dos esquadrões da morte à era Bolsonaro. São Paulo: Todavia, 2020.

MARX, Karl. *O capital.* 3v. Rio de Janeiro: Civilização Brasileira, 1999.

MERCIER, Hugo. *Not Born Yesterday:* The Science of Who We Trust and What We Believe. Princeton: Princeton University Press, 2020.

MILANOVIĆ, Branko. *Capitalismo sem rivais:* o futuro do sistema que domina o mundo. São Paulo: Todavia, 2020.

NAÍM, Moisés. *O fim do poder.* Rio de Janeiro: Leya, 2019.

PERSSON, Torsten; TABELLINI, Guido. *The Economic Effects of Constitutions.* Massachusetts Institute of Technology, 2005.

PRZEWORSKI, Adam. *Capitalismo e social-democracia.* São Paulo: Companhia das Letras, 1989.

RIBEIRO, Renato Janine. *A boa política:* ensaios sobre a democracia na era da Internet. São Paulo: Companhia das Letras, 2017.

_____. *A democracia.* São Paulo: Publifolha, 2000.

_____. *A pátria educadora em colapso*: reflexões de um ex-ministro sobre a derrocada de Dilma Rousseff e o futuro da educação no Brasil. São Paulo: Três Estrelas, 2018.

_____. *A república*. São Paulo: Publifolha, 2000.

ROUSSEAU, Jean-Jacques. *Discurso sobre a origem e os fundamentos da desigualdade entre os homens*. Tradução de Alex Marins. São Paulo: Martin Claret, 2005.

SHAKESPEARE, William. *Troilus and Cressida*. Jonathan Crewe (ed). Nova York: The Pelican Shakespeare, 2000.

SILVA, Carlos Eduardo Lins da. *Muito além do Jardim Botânico*. São Paulo: Summus Editorial, 1985.

VERBA, Sidney; SCHLOZMAN, Kay Lehman; BRADY, Henry E. *Voice and Equality*. Cambridge: Harvard University Press, 1995.

VIANNA, Oliveira. *Instituições políticas brasileiras*. Belo Horizonte: Editora Itatiaia, 2000.

NOTAS

Quando as notas indicarem seu autor, é porque constituem depoimento ou análise de um dos autores. Nos demais casos, são notas de ambos.

1. Presidencialismo

1. Nos Estados Unidos, o voto direto popular elege um Colégio Eleitoral que escolhe o presidente. O Colégio Eleitoral é a soma de delegados eleitos em cada estado da federação. Estados com mais eleitores, como é o caso da Califórnia, elegem bem mais delegados do que estados eleitoralmente pequenos. Uma característica importante do sistema é o que se chama em inglês a regra *the winner takes all*. O candidato mais votado em um estado fica com todos os delegados daquele estado; não se trata, portanto, de uma distribuição de delegados por estado proporcional ao voto para o candidato democrata ou republicano. É por isso que às vezes ocorre de o candidato mais votado no voto popular ficar com menos delegados e não ser o eleito.

2. Em resumo, nos países parlamentaristas, a fonte da legitimidade do Parlamento e do chefe de governo (o primeiro-ministro) é a mesma. Já nos países presidencialistas, como o Brasil, a fonte de legitimidade do presidente da República (chefe de Estado e de governo) é diferente da fonte que confere legitimidade ao Poder Legislativo. Deputados e senadores são, portanto, escolhidos mediante uma fonte de consentimento diferente da que elegeu o chefe do Poder Executivo.

3. Não incluímos nesta conversa o presidencialismo nos casos em que o presidente é um ditador, claro, pensamos ambos, presidencialismo e parlamentarismo, dentro de um contexto democrático.

4. Ver o capítulo 2. Parlamentarismo, p. 23.

5. Vale ressaltar a ocorrência de dois breves ensaios sobre parlamentarismo no Brasil. No segundo reinado, com d. Pedro II, que aceitou o parlamentarismo, mas tutelado pelo poder moderador do monarca; e na República, entre setembro de 1961 e janeiro de 1963, quando um breve parlamentarismo foi posto em prática para impedir que o vice-presidente João Goulart exercesse os poderes presidenciais. De todo modo, tanto no plebiscito de 1963 quanto no realizado após a redemocratização em 1993, o presidencialismo foi escolhido pela maioria esmagadora dos brasileiros.

6. Veja, por exemplo, que, dos cinco eleitos após 1985, dois presidentes perderam a maioria no Congresso a ponto de sofrerem impeachment com votos de mais de dois terços da Câmara e do Senado. Foram os casos de Fernando Collor de Mello e Dilma Rousseff.

7. O Equador, por exemplo, adotou o sistema unicameral e, por isso, passou por alguns conflitos de legitimidade, sobretudo na década de 1990 e 2000. Várias vezes o presidente da República foi afastado. Um deles foi afastado sob acusação de ser louco (e parece que era mesmo). Ou seja, no presidencialismo, há um equilíbrio entre presidente e Parlamento que precisa estar sempre em negociação.

8. Os dois turnos, embora tivessem surgido antes, emplacam basicamente em 1958, quando o general Charles de Gaulle, ao reformar o sistema político francês, cria um parlamentarismo com presidente forte. Em função disso, ele propõe que o presidente seja eleito com maioria absoluta dos votos. Se nenhum dos candidatos receber a maioria absoluta, passa-se para o segundo turno entre os dois mais votados.

9. ACA: Alguns acreditam que, se houvesse dois turnos à época, Jânio Quadros (presidente em 1961) e Juscelino Kubitschek (presidente de 1956 até 1961) não teriam sido eleitos. Eu duvido.

NOTAS

10. Além disso, no presidencialismo brasileiro, há um vice-presidente escolhido normalmente por questões de conveniência – para ganhar mais tempo de TV, por exemplo –, que depois pode se tornar um problemão, como foi Itamar Franco para Fernando Collor e mais recentemente Michel Temer para Dilma Rousseff. Ou, se não se torna um problema, o vice não faz muita diferença, como Marco Maciel para Fernando Henrique Cardoso e José Alencar para Lula. Ou seja, ou o vice é leal e não faz nada, ou acaba se voltando contra o titular.

11. RJR: Vivêssemos sob regime parlamentarista, isso não seria um problema. No parlamentarismo, a mesma coalizão que sustentava Collor, ou a mesma que sustentava Dilma, poderia decidir trocar o governo, simplesmente, inclusive por alguém da mesma aliança. No parlamentarismo há uma facilidade para trocar o governo, que não ocorre no presidencialismo. Nesse sentido, a república brasileira poderia ter evitado vários de seus traumas, causados por crises presidenciais, com a adoção do regime parlamentarista. Porém, nossa cultura, e há quem afirme a cultura latino-americana, é bastante personalista. Personalizamos quem está no poder, um hábito do qual, aparentemente, não estamos dispostos a abrir mão. Toda e qualquer pesquisa de opinião evidencia que a preferência pelo presidencialismo é amplamente majoritária no Brasil. O PSDB, por exemplo, surgiu com a proposta de trabalhar pelo parlamentarismo, mas Fernando Henrique Cardoso ficou no poder por dois mandatos e o que fez para implementar o parlamentarismo? Nada.

12. Porém, perceba uma curiosidade: no caso de governadores de estado, o ritual é um pouco diferente. A Assembleia Legislativa acusa, mas o julgamento é feito por um tribunal misto, formado por cinco deputados eleitos e cinco desembargadores sorteados. Os legisladores eleitos vão provavelmente representar as forças políticas dominantes, mas os desembargadores, porque são sorteados, podem ser simpáticos ou não a qualquer espectro político.

13. Por exemplo, a influência que Donald Trump exerceu sob o Partido Republicano nos Estados Unidos.

2. Parlamentarismo

1. Naquela altura, ainda, apenas o imposto exigia a aprovação parlamentar, as demais decisões mantinham-se nas mãos do rei.
2. Voto universal masculino, apenas no século XIX. Voto feminino, somente no século XX.
3. Por exemplo, a França entre 1815 e 1830 e o Brasil de d. Pedro I.
4. A primeira edição do livro de Bagehot é de 1867. BAGEHOT, Walter. *The English Constitution*, Fontana Collins, 1983, capítulo 1, "The Cabinet".
5. Porém, também vale ressaltar que o parlamentarismo, mais do que o presidencialismo, depende de maiorias bem definidas. Por isso mesmo, quando há muitos partidos, dá problema. Com muitos partidos, formar uma maioria parlamentar é uma missão bastante complicada de realizar.
6. Persson, Torsten e Tabellini, Guido. *The Economic Effects of Constitutions*, Massachusetts Institute of Technology, 2005. O capítulo 8, p. 75, aborda a política fiscal dos diferentes sistemas de governo ao longo do tempo.

3. Depoimento de um ex-ministro: o governo visto por dentro

1. Não à toa, desde a redemocratização, os dois presidentes que terminaram seus mandatos foram Luiz Inácio Lula da Silva e Fernando Henrique Cardoso, dois excelentes comunicadores.
2. No período da ditadura militar, por exemplo, quando não havia eleição presidencial, percebe-se que a inflação aumentou gradativamente e não foi controlada.
3. Uma diferença pequena, mas o suficiente, considerando inclusive que democracias como a dos Estados Unidos e da França já tiveram eleições com essa diferença de votos.
4. São Paulo: Três Estrelas, 2018.

5. O que foi um erro grande. O PSDB, com isso, perdeu a chance de ganhar as eleições de 2018. Provavelmente ganharia, se Dilma terminasse o mandato.

6. Basicamente, a nota se posicionava contra ensinar, nas escolas, que o normal é ser heterossexual.

7. **RJR:** Ocorreu um caso até curioso, em que a presidente ordenou que a Fazenda liberasse um dinheiro para o MEC, e a Fazenda liberou, claro, mas depois entrou em contato com o ministério dizendo: "Olha, liberamos, mas agora você escolhe aí de onde cortar." Ou seja, é muito difícil, mesmo para um ministro apoiado pela Presidência, vencer algum conflito com a Fazenda.

8. Toda avaliação deve levar em consideração o que entra e o que sai, ou seja, quanto de investimento há numa determinada escola e quais são os resultados que ela gera. Por exemplo, óbvio que um aluno da USP vai ter um desempenho melhor do que o formado em uma universidade periférica. Mas e se o aluno dessa instituição na periferia dos grandes centros de ensino melhorou, avançou mais do que o aluno da USP, que pouco se desenvolveu apesar de todo investimento na USP? É o tipo de comparação que deve ser realizado para, de fato, avaliar a qualidade do ensino.

4. Sistema eleitoral proporcional e sistema eleitoral distrital

1. Nos Estados Unidos, a título de comparação, não há limite máximo. Apenas mínimo, que é de um deputado por estado.

2. A conta só é diferente no que diz respeito a São Paulo, que tem direito a setenta deputados, mas proporcionalmente, na ponta do lápis, deveria ter em torno de 120. Os legisladores assim decidiram porque São Paulo já era um estado muito poderoso – a maioria dos ministros de Estado é formada por políticos egressos de São Paulo, por exemplo –, então a proporcionalidade exata, nesse caso, poderia gerar um desequilíbrio de poder entre os estados. Há uma lógica por trás disso. Os países que têm

uma região muito populosa fazem isso, reduzem a representação dessa região. A província de Buenos Aires, por exemplo, tem 37% dos eleitores de toda a Argentina e apenas 27% dos deputados.

3. RJR: Um grande problema, na minha opinião, é a pouca identificação entre eleitor e eleito. Por quê? Porque sendo uma eleição abrangente, em que o eleitor escolhe um deputado de qualquer região do seu estado, muitas vezes, o deputado eleito tem pouca relação direta com seus eleitores. Dessa forma, ele não presta efetivamente contas de seu mandato, porque os eleitores estão dispersos. É algo que não acontece em votos distritais.

4. Sendo eleito o mais votado majoritariamente. Quem tem mais votos, vence, independentemente da diferença para o segundo colocado. Com exceção de países com muitos partidos, em que um segundo turno se faz necessário, como na França. Países com poucos partidos decidem em apenas um turno, como os Estados Unidos.

5. Esse nome, usual na ciência política, provém da iniciativa do então governador de Massachusetts, Elbridge Thomas Gerry, que em 1812 sancionou uma lei redesenhando os distritos eleitorais de forma muito arbitrária, para aumentar o número de deputados de um partido. Como um dos novos desenhos parecia uma salamandra – a união de Gerry com *salamander* formou esse curioso nome.

6. Houve um episódio nos Estados Unidos, por exemplo, em que parlamentares democratas e republicanos fizeram acordo para definir distritos de tal maneira que todos fossem reeleitos. Isso aconteceu e a renovação da Câmara foi zero no que tange à bancada daquele estado. Ou seja, os parlamentares agiram para desenhar um distrito que favorecesse sua reeleição.

7. O impacto disso seria muito relevante. Certamente, se tivéssemos metade do Congresso ocupado por negros, a violência policial nas favelas iria ser combatida com mais dedicação. Se tivéssemos metade da Casa ocupada por mulheres, as chances de redução do feminicídio seriam maiores.

NOTAS

5. Voto facultativo e voto obrigatório

1. A Lei dos direitos de voto de 1965 (*Voting Rights Act*) foi uma medida proposta e sancionada pelo presidente Lyndon Johnson, assegurando o voto aos negros nos estados do Sul. Até então, numerosos artifícios eram adotados para impedi-los de ter o registro de eleitor – entre eles, submetê-los, arbitrariamente, a testes detalhados sobre a Constituição Estadual.

2. Burke defende que mudanças inovadoras precisam acontecer aos poucos. Para ele, ser conservador não significa querer conservar o antigo, mas defender que as mudanças não sejam repentinas. Ele parte do ponto de vista de que mudanças podem dar errado. Então, melhor um pequeno passo à frente do que mil passos. Se der errado, é mais fácil voltar e corrigir. Daí a crítica que ele faz à Revolução Francesa.

3. BURKE, Edmund. *Reflexões sobre a revolução na França*. Brasília: Editora Universidade de Brasília, 1982, p. 89.

4. Lembrando, inclusive, que as punições, no mundo inteiro, são bastante leves. No Brasil, por exemplo, não votar gera apenas uma multa muito pequena, impede a emissão de passaporte e a nomeação em empregos públicos. Em Luxemburgo, a multa pode ir até 100 mil euros, mas desde 1964 ninguém foi multado, embora muitos se abstenham de votar.

5. Acrescentamos outra razão, de ordem econômica: para as pessoas com renda mais alta, o custo para votar é menor do que para as de renda mais baixa – cuja sobrevivência é a maior preocupação. O voto obrigatório, portanto, incentiva o comparecimento da camada mais pobre da população.

6. ACA: A expansão da urna eletrônica foi gradativa. Primeiro, havia eleições 100% no papel. Depois, uma mista, com parte no papel e parte na urna. E, então, uma eleição 100% na urna eletrônica. O que pôde ser aferido? Que a quantidade de votos brancos e nulos, na urna eletrônica, caiu drasticamente. Está mapeado por inúmeros estudos da ciência política: a urna eletrônica reduz os votos nulos e brancos, basicamente porque as

pessoas mais pobres, menos escolarizadas, menos alfabetizadas, tinham dificuldades para votar corretamente no papel, erravam ao escrever e por isso a proporção de nulos era imensa.

6. Esquerda e direita

1. Por exemplo, em 1936, na França, é vitoriosa uma coligação de socialistas e comunistas – que antes se odiavam, mas se uniram na Frente Popular – e sua primeira medida é introduzir o direito a férias pagas. O ano de 1936 vai ter o primeiro verão em que as praias da França lotam, porque os trabalhadores passam a receber para descansar. Algo que hoje parece banal, mas não era.

2. Tony Blair, que foi primeiro-ministro do Reino Unido, afirmou, antes de chegar ao poder: "Nós queremos o mercado, mas não queremos os valores do mercado." É uma expressão interessante que sintetiza a social-democracia. Ou seja, querer a eficiência do capitalismo, mas não se curvar aos valores do capitalismo – baseados na obtenção de lucro –, prezando a igualdade de direitos, da dignidade do trabalhador, do respeito social e, hoje acrescentaríamos, da preservação ambiental.

3. A própria ideia de liberdade da Revolução Francesa estava relacionada à opressão do sistema feudal. Por isso, seu lema era "Liberdade, Fraternidade, Igualdade".

4. No governo Fernando Henrique Cardoso, que se preocupou com eficiência econômica, as privatizações, como a da telefonia, tornaram a economia mais eficiente. Isso não necessariamente se refletiu em igualdade social, porque o capitalismo tende a ser concentrador. Mas o governo Lula, quando começou, também não reverteu as privatizações realizadas pelo governo anterior. Pelo contrário, usou os recursos gerados por uma economia eficiente para promover igualdade social e estimular a economia.

5. Exemplo, o liberalismo, ou neoliberalismo, expandiu a economia nos Estados Unidos? Sim. No Reino Unido? Também. Mas não funcionou tão

bem no restante dos países da Europa. Os valores, os pontos de partida, são diferentes. Como no Brasil, onde tentativas neoliberais também não foram tão bem-sucedidas quanto nos Estados Unidos.

6. No entanto, há uma diferença fundamental: em termos proporcionais, ricos votam na direita, pobres votam na esquerda. Por que isso acontece? Porque a posição social dos ricos cria a autopercepção de cidadãos independentes, que não precisam do Estado – basicamente, fundamentada pelo seguinte pensamento: libere o mercado para eu ganhar dinheiro. Por outro lado, a posição social dos pobres cria a autopercepção de cidadãos que dependem das regulamentações do governo e de transferências de renda para melhorarem de vida.

7. Embora não haja nada de errado nas ideologias. Pelo contrário, a política é, em si, ideológica. E todos os aspectos da vida são atravessados pela política.

7. Partidos políticos

1. Interessante perceber: enquanto os Tories continuam a existir até os dias de hoje, os Whigs mudam de nome no século XIX para Liberais, e seu partido é praticamente exterminado ao longo do século XX. Hoje, o grande partido de oposição aos Tories é o Partido Trabalhista.

2. Haverá partidos que não reúnem os três aspectos descritos por Hume? Sim. Nesse caso, são mais aglomerados políticos do que partidos em si.

3. Por "efetivos" entende-se partidos que têm algum poder de bargania no Parlamento. Pelo cálculo matemático da ciência política, são partidos os que têm pelo menos 3% de cadeiras nas Câmaras Baixas dos países.

4. O Partido Liberal (PL) passou por várias configurações, mas, na atual, em que se tornou uma legenda de extrema direita, reúne políticos eleitos sob uma bandeira ideológica, mas que defendem interesses quase pessoais.

8. Social-democracia

1. Partidos que primeiro surgem como social-democratas, depois se tornarão partidos comunistas ou socialistas. Marx é, portanto, um pensador da social-democracia.

2. PRZEWORSKI, Adam. *Capitalismo e social-democracia*. São Paulo: Companhia das Letras, São Paulo, 1989.

9. Comunismo

1. Furet, François. *O passado de uma ilusão*. São Paulo: Editora Siciliano, 1995.

2. Freud, Sigmund. *O futuro de uma ilusão*. Porto Alegre: L&PM, 2010.

3. Marx previu que o capitalismo passaria por crises intensas que o fariam ruir, até que a sociedade chegasse a um sistema de organização superior, o socialismo; e depois ao comunismo. Não aconteceu. O capitalismo se mostrou bastante eficiente em sobreviver a crises.

4. A doutrina hitlerista expressa em *Minha luta* corresponde claramente à prática de seu futuro governo nazista. Já está lá, no livro que ele publica em 1925, todo o ódio a judeus e a outros grupos que considera impuros, inferiores.

5. **ACA:** Por acaso, em um evento no Brasil, tive oportunidade de almoçar com um ex-primeiro-ministro da Itália, Massimo D'Alema, de esquerda. Ele foi contemporâneo de Gorbachev, e mencionou que, certa vez, conversando com ele, o último líder da União Soviética confessou que se sentia muito mal ao perceber que não estavam conseguindo melhorar a vida das pessoas. Segundo D'Alema, Gorbachev teria concluído que era melhor abrir o regime, tentar outro caminho, e ver se a vida das pessoas melhorava.

10. Fascismo

1. Uma curiosidade: Mussolini, responsável por cunhar a palavra que conhecemos hoje, chegou a ser militante socialista, internacionalista, diretor de um jornal socialista. Quando começa a Segunda Guerra Mundial

e a Itália, entre outros fatores devido à influência dos socialistas, decide inicialmente não participar da guerra, ele percebe que grande parte dos eleitores defende o contrário: a participação do país ao lado da França e Inglaterra, com objetivo de completar a unificação italiana, anexando territórios que ainda pertenciam à Áustria-Hungria. Ele começa, portanto, a discutir o assunto dentro do partido, perde a discussão e, por isso, sai do partido socialista para fundar um partido nacionalista – abandonando os ideais socialistas, embora na época tenha afirmado o contrário.

2. Como foi possível testemunhar no caso da Invasão ao Capitólio dos Estados Unidos em janeiro de 2021.

3. Eleição já de inspiração fascista, porque ocorre com base em votos gerais e votos corporativistas.

4. Plínio Salgado (1895-1975) foi um escritor e político que fundou e liderou a Ação Integralista Brasileira (AIB), partido nacionalista católico de extrema direita inspirado no fascismo europeu. Acreditou que o golpe de 1937 o levaria a ter parte no poder, mas foi frustrado. Seu partido tentou um golpe em 1938, cujo fracasso levou a forte repressão pelo Estado Novo.

5. Ver o artigo de Renato Janine Ribeiro, "O militante moderno e o cidadão romano", em seu livro *A boa política: ensaios sobre a política na era da Internet*.

11. Revoluções

1. Inglaterra, 1689: limita-se o poder absoluto do rei, determinando que não pode suspender leis devidamente votadas e sancionadas e que deve convocar o Parlamento regularmente. Estados Unidos, 1789 (aprovação pelo Congresso) e 1791 (ratificação e entrada em vigor): direitos dos indivíduos à proteção contra o poder possivelmente absoluto do governo. Mais um ponto interessante: em inglês, as declarações inglesa e norte-americana se chamam *Bill*, que é um tipo de lei. Em francês é que haverá o termo *Declaração*, que depois será retomado pelas Nações Unidas, em 1948. *Declaração* é uma palavra mais forte, porque significa

que a assembleia, nacional ou mundial, não cria direitos – ela apenas *declara* direitos já existentes.

2. O *New York Times* estudou essa história no artigo "Haiti's Lost Billions", e concluiu que o prejuízo ao Haiti equivaleria, somando o valor pago, juros e perdas acarretadas, a algo como 115 bilhões de dólares em valores de 2022. Disponível em: https://www.nytimes.com/interactive/2022/05/20/world/americas/enslaved-haiti-debt-timeline.html. Último acesso em: 06/12/2023.

3. **RJR:** O filme *A grande ilusão*, de Jean Renoir, é uma boa forma de entender o contexto que leva à Revolução Russa. Passa-se durante a Primeira Guerra Mundial, em especial, num campo alemão de prisioneiros aliados. A certa altura, os russos chamam os demais prisioneiros, porque receberam caixas de presentes da Rússia e querem dividir – a vodca, o caviar – com os colegas, que já lhes haviam dado boas comidas. Mas, quando abrem, constatam que a czarina só lhes mandou artigos religiosos, como bíblias. Eles põem fogo nas caixas! Está claro que a monarquia russa não tinha mais ideia alguma do que pensavam os soldados que ela mandava matar e morrer nas trincheiras.

4. A chamada Revolução de 1964, no Brasil, foi um golpe de Estado chamado de revolução durante a vigência do regime ditatorial, que durou 21 anos. Hoje, praticamente ninguém reconhece esse evento como uma revolução.

5. Alexis de Tocqueville (1805-1859), teórico francês, é fundamental para entender este aspecto. Não apenas este aspecto, mas a teoria das revoluções de maneira geral. Fica a sugestão para quem desejar se aprofundar no assunto. Ele afirma que foi justamente o fato de Luís XVI abolir aspectos mais autoritários da monarquia absolutista que fez seus súditos exigirem mais, culminando na derrubada da monarquia.

6. Isso é muito importante porque pode ajudar a explicar um pouco as manifestações de 2013 no Brasil. Vivíamos uma fase de cada vez mais prosperidade econômica, melhorando a condição de vida da população. Mas

houve um descontentamento com o transporte público que transbordou para a saúde e educação públicas. A vida das pessoas tinha melhorado dentro de casa (consumiam mais, comiam melhor). Essa melhoria talvez tenha sido justamente o que as levou à insatisfação com certos aspectos da vida pública: transporte, saúde e educação.

12. Capitalismo e democracia

1. Disponível em: https://ourworldindata.org/democracy. Último acesso em: 08/09/2023.

13. Desigualdade e democracia

1. *Troilo e Créssida*.

2. Disponível em: http://www.dominiopublico.gov.br/pesquisa/DetalheObraForm.do?select_action&co_obra=2284. Último acesso em: 08/09/2023.

3. Vinod Thomas, Yan Wang e Xibo Fan. "Measuring Education Inequality: Gini Coefficients of Education". World Bank, Policy Research Working Paper n. 2525 (2001). Disponível em: <https://openknowledge.worldbank.org/bitstream/handle/10986/19738/multi_page.pdf?sequence=1&isAllowed=y>. Último acesso em: 08/09/2023.

4. CLARK, Gregory. *The Son Also Rises*. Princeton: Princeton University Press, 2014.

5. Ver https://pt.wikipedia.org/wiki/Lista_de_pa%C3%ADses_por_igualdade_de_riqueza. Último acesso em: 08/09/2023.

15. *Fake news* na política

1. Diziam, por exemplo, que o Reino Unido pagava milhões de libras por semana para a União Europeia (UE), e que esse valor deveria ser usado para

reforçar o Sistema de Saúde britânico; também espalharam que, se o país continuasse na UE, haveria o risco de uma grande migração polonesa e de outras regiões mais pobres para o Reino Unido. Manipulação xenófoba geralmente promovida pela extrema direita. Na verdade, é o contrário, a economia do Reino Unido precisa de imigrantes.

2. CANTARELLA, Michele and Fraccaroli, Nicolò and Volpe, Roberto Geno. "Does Fake News Affect Voting Behaviour?". CEIS Working Paper n. 493 (17 de junho, 2020). Disponível em: https://ssrn.com/abstract=3629666 ou http://dx.doi.org/10.2139/ssrn.3629666. Acesso em: 08/09/2023.

3. ALLCOTT, Hunt, and Matthew Gentzkow. "Social Media and Fake News in the 2016 Election". *Journal of Economic Perspectives*, 31, v.2: 211-36 (2017). DOI: 10.1257/jep.31.2.211.

4. PEREIRA, Frederico Batista et al. "Motivated Reasoning Without Partisanship? Fake News in the 2018 Brazilian Elections, as fake news". Disponível em: https://cienciapolitica.org.br/web/index.php/system/files/documentos/eventos/2021/01/prevalence-fake-news-and-effectiveness--corrective.pdf. Último acesso em: 08/09/2023.

5. MERCIER, Hugo. *Not Born Yesterday: The Science of Who We Trust and What We Believe*. Princeton: Princeton University Press, 2020.

16. República

1. A República romana era extremamente masculina, e hoje a consideraríamos machista. O homem, chefe de família, era detentor do chamado pátrio poder, que lhe dava pleno controle sobre a sua casa, incluindo a vida de sua mulher e de seus filhos, enfim, de sua família.

2. VIANA, Oliveira. *Instituições políticas brasileiras*. Belo Horizonte: Editora Itatiaia, 2000.

17. Mídia e política

1. Isso em termos muito elementares. Em uma dimensão mais aprofundada, seguindo a visão de Marshall McLuhan, mídia é sinônimo de tecnologia que molda o seu entorno. Por exemplo, quando se conquista a tecnologia da lâmpada elétrica, ela muda a sociabilidade humana à noite.

2. Meios de comunicação relevantes para consolidar o poder é algo antigo. O clero fazia isso desde antes da Igreja Católica, em civilizações mais antigas, como a egípcia. Mas, quando a divergência passa a ser aceitável, a consolidação dos meios de comunicação facilita a disputa de poder – o que é algo novo, que começa há apenas duzentos anos. A democracia é uma experiência realmente nova na história. Isso tem a ver também com a mídia, com opiniões divergentes sendo expostas.

3. Os autores descobriram que os movimentos contra a vacinação para a zika eram alimentados por vídeos enviados pelo WhatsApp, sendo que esse aplicativo não deduz do pacote de dados do usuário o que passa por ele – favorecendo a disseminação de vídeos, no caso, alarmistas e mentirosos. A reportagem é anterior em seis meses à chegada do coronavírus ao Brasil, e visava investigar o papel das *fake news* na eleição de Bolsonaro, beneficiário, segundo os jornalistas, da onda de ataques às vacinas. TAUB, Amanda; FISHER, Max. "How YouTube Misinformation Resolved a WhatsApp Mystery in Brazil". *New York Times*, 15 de agosto de 2019. Disponível em: https://www.nytimes.com/2019/08/15/the-weekly/how-youtube-misinformation-resolved-a-whatsapp-mystery-in-brazil.html. Último acesso em: 08/09/2023.

4. SILVA, Carlos Eduardo Lins da. *Muito além do Jardim Botânico*. São Paulo: Summus Editorial, 1985.

5. Programa criado pela presidente Dilma Rousseff que tinha como meta enviar grande número de estudantes, inclusive de graduação, ao exterior, a fim de aprimorar a qualificação dos profissionais brasileiros nas melhores universidades do mundo. Como a prioridade presidencial era aumentar o PIB, o programa deu destaque às engenharias e excluiu quase

todas as ciências humanas e humanidades. Completou sua meta em 2015, quando foram enviados os últimos bolsistas ao exterior.

6. O que não implica desconcentração. Na verdade, no comércio on-line, o alcance dos maiores perfis concentra 80% do tráfego da internet.
7. NAÍM, Moisés. *O fim do poder.* Rio de Janeiro: Leya, 2019.

18. As instituições estão funcionando?

1. Fernando Henrique e Lula se adequaram ao sistema institucional brasileiro, que obriga o governante a ouvir a todos o tempo inteiro. Dilma e Bolsonaro, de maneiras diferentes, foram pressionados pelo sistema político porque não se adequaram como Lula e FHC fizeram.
2. Como por sinal aconteceu durante a pandemia, quando o governo federal atuou pouco, às vezes até na linha contrária a estados e municípios.
3. **RJR:** Por exemplo, seu parágrafo único diz que "A República Federativa do Brasil buscará a integração econômica, política, social e cultural dos povos da América Latina, visando à formação de uma comunidade latino-americana de nações", enquanto o governo Bolsonaro sistematicamente criticava o Mercosul e afastou o país da Unasul. A meu ver, assim agindo, ele descumpria a Constituição.
4. Embora não deixe de ser verdade que, a partir da crise no governo Dilma, Eduardo Cunha conseguiu a liderança das coisas, comandou a pauta-bomba, comandou o impeachment, enquanto Sérgio Moro – sem que o STF o coibisse antes de passados vários anos – sentenciava as pessoas como em uma linha de produção e adquiria enorme protagonismo na política brasileira.

19. Conservadorismo

1. HUME, David. *Ensaios morais, políticos e literários.* Rio de Janeiro: Topbooks, 2004.

NOTAS

2. A pesquisa mostra que 65% dos norte-americanos se identificam como cristãos, ao passo que 90% de seus representantes dizem o mesmo. Disponível em: https://www.economist.com/graphic-detail/2021/02/08/why-are-american-politicians-more-pious-than-their-constituents. Último acesso em: 08/09/2023.

3. O argumento conservador, por exemplo, vai afirmar que a pandemia de Covid-19 não aconteceria se, na China, as religiões proibissem as pessoas de comerem morcegos.

20. Liberalismo e neoliberalismo

1. É bom lembrar que a Idade Média não conheceu nem o absolutismo – porque o poder dos reis geralmente era limitado por assembleias, ainda que não eleitas democraticamente – nem o direito divino dos reis, que se impõem no século XVII.

2. Tal questão converge para o tema da social-democracia, sobre o qual falamos no capítulo 8.

3. Economista britânico que cunhou o termo. Ele se comporia de dez medidas básicas: 1) Disciplina fiscal, evitando grandes déficits fiscais em relação ao PIB; 2) Redirecionamento dos gastos públicos de subsídios (especialmente subsídios indiscriminados) para uma ampla provisão de serviços essenciais pró-crescimento e pró-pobres, como educação, saúde e investimento em infraestrutura; 3) Reforma tributária, ampliando a base tributária e adotando alíquotas marginais moderadas; 4) Taxas de juros determinadas pelo mercado; 5) Taxas de câmbio competitivas; 6) Livre-comércio: liberalização das importações, com ênfase na eliminação de restrições quantitativas (licenciamento etc.), proteção comercial a ser fornecida por tarifas baixas e uniformes; 7) Liberalização do investimento estrangeiro direto interno; 8) Privatização de empresas estatais; 9) Desregulamentação: abolição das regulamentações que impedem a entrada no mercado ou restringem a concorrência, exceto aquelas justificadas por motivos de segurança, proteção ambiental e do consumidor e

supervisão prudencial de instituições financeiras; 10) Segurança jurídica para direitos de propriedade privada.

21. Orçamento público e democracia

1. ANDERSON, Perry. *Linhagens do Estado absolutista*. São Paulo: Editora UNESP, 2016.

22. A expansão do voto

1. A curiosidade na França é que em dois momentos bem autoritários, Napoleão I e III, houve voto universal. Mesmo que a eleição não tenha sido exatamente democrática, é interessante perceber o fenômeno de uma ditadura que apelou ao voto popular – que também ocorreu em plebiscitos realizados em ditaduras fascistas no século XX.

2. Santa Dulce dos Pobres foi uma freira que dedicou a vida a atender os pobres, sendo canonizada pelo Papa Francisco em 2019. Merece nosso respeito, mas o comentário aqui é que os pobres não devem depender da caridade dos mais ricos e sim, ter direitos assegurados socialmente.

23. Participação política e movimentos sociais

1. Veja mais sobre o tema no livro clássico de Sidney Verba, Kay Lehman Schlozman e Henry E. Brady, *Voice and Equality*.

25. Militares e política

1. ALMEIDA, Alberto Carlos. *Parlamentarismo, presidencialismo e crise política no Brasil*. Niterói: Eduff, 1998.

26. Opinião pública

1. Graças à emenda constitucional 25, de maio de 1985, apenas dois meses depois do fim do regime militar. A Constituição de 1988 conservou esse direito, então recém-adquirido. Em 1990, o analfabetismo era inferior a 20% na população de 15 anos ou mais – ou seja, a mudança constitucional teve impacto, mas bem menor do que se tivesse ocorrido décadas antes. PINTO, José Marcelino de Rezende; BRANT, Liliane Lúcia Nunes de Aranha Oliveira; SAMPAIO, Carlos Eduardo Moreno; PASCOM, Ana Roberta Pati. "Um olhar sobre os indicadores de analfabetismo no Brasil". *Revista Brasileira de Estudos Pedagógicos*, Brasília, v. 81, n. 199, p. 511-524 (set./dez. 2000). Disponível em: http://www.dominiopublico.gov.br/download/texto/me0000308.pdf#:~:text=Em%20primeiro%20lugar%2C%20observa%2Dse,13%2C6%25%20em%202000. Último acesso em: 08/09/2023.

2. **ACA:** Publiquei alguns livros sobre e a partir de pesquisas de opinião pública. *Por que Lula?*; *A cabeça do brasileiro*; *Erros nas pesquisas eleitorais e de opinião* e *A cabeça do eleitor*. Todos pela Editora Record.

28. A Justiça como ela é

1. LUPETTI, Bárbara. *Paradoxos e ambiguidades da imparcialidade judicial*. Porto Alegre: Sérgio Antônio Fabris Editor, 2013.

2. Dados do próprio CNJ, de 2018. Disponível em: https://www.cnj.jus.br/em-11-anos-cnj-aplica-87-punicoes-a-magistrados-e-servidores/. Último acesso: 06/12/2023.

29. Quatro mitos sobre a política

1. Publifolha, 2000, com várias reimpressões posteriores.

2. ALMEIDA, Alberto Carlos. *A cabeça do eleitor*: estratégias de campanha, pesquisa e vitória eleitoral. Rio de Janeiro: Record, 2008.

Este livro foi composto na tipografia Minion Pro,
em corpo 12/16,5, e impresso em
papel off-white no Sistema Cameron da
Divisão Gráfica da Distribuidora Record.